W0342311

Leben mit Geparden

Matto H. Barfuss

Leben mit Geparden

Zu Gast bei einer wildlebenden Gepardenfamilie in der Serengeti

Natur Buch Verlag

Die Deutsche Bibliothek – CIP-Einheitsaufnahme

Leben mit Geparden: zu Gast bei einer wildlebenden Gepardenfamilie in der Serengeti / Matto H. Barfuss. – Augsburg: Naturbuch-Verl., 1998

ISBN 3-89440-329-2

Es ist nicht gestattet, Abbildungen dieses Buches zu scannen, in PCs oder auf CDs zu speichern oder in PCs/Computern zu verändern oder einzeln oder zusammen mit anderen Bildvorlagen zu manipulieren, es sei denn mit schriftlicher Genehmigung des Verlages.

Der Naturbuch Verlag garantiert, daß es sich bei den Fotografien in diesem Werk um Originalaufnahmen handelt, die digital nicht verändert wurden.

Naturbuch Verlag
© 1998 Weltbild Verlag GmbH, Augsburg
Alle Rechte vorbehalten
Satz und Layout: Vera Faßbender, Augsburg,
gesetzt aus der Life 10,5/14 pt
Umschlaggestaltung: A. Sauerlacher, Augsburg
Fotos und Illustrationen: Matto H. Barfuss
Reproduktion: Repro Ludwig, A-Zell am See
Druck und Bindung: Druckerei Ernst Uhl, Radolfzell
Gedruckt auf chlorfrei gebleichtem Papier
Printed in Germany

ISBN 3-89440-329-2

Inhalt

Vorwort 7
Einleitung 8

Die erste Begegnung 12

Wir taufen die Gepardenkinder „Fundis“ 21
Wir werden eine Familie 24
Familienleben 26

Die zweite Reise 39

Eine lange Suche 40
Ein trauriges Wiedersehen 44
Erste Jagdversuche 46
Wäre ich nur ein Gepard ... 48
Hungrige Zeiten 59
Jäger und Gejagte 63
Auch Geparden haben Feinde 68
Wieder auf der Suche 70
Es regnet in der Trockenzeit ... 78
Der Tisch ist wieder reich gedeckt 86
Nur wer viel spielt, wird ein guter Jäger 87
Gepard unter Geparden 91
Und wieder ein Abschied 101

Die dritte Reise 106

Wieder im Kreis der Familie 108
Gestörte Ruhe 114
Leben und Überleben 115
Und wieder auf der Suche 122
Hoffnung und Verzweiflung 125
Aus Kindern werden Leute 128
Streifzüge 134
Abschied 141

Vorwort

Geparde – die schnellsten Säugetiere der Welt. Man streitet sich, ob sie 114 oder 120 Kilometer in der Stunde Geschwindigkeit erreichen.

Geparde – hochspezialisiert, und damit selbst schuld, wenn sie in einigen Jahren von dieser Erde verschwinden werden! Mehr technische Daten gefällig?

▲ **Matto H. Barfuss mit seinem Begleiter Nyangusi, ein Krieger der Maasai.**

◀ **Die Gepardenmutter „Diana".**

Für mich sind Geparde keineswegs Rennmaschinen oder gar Inzuchtprodukte, die aufgrund eines mysteriösen Bestandrückgangs vor mehreren tausend Jahren aus nur wenigen Tieren hervorgingen, was den hohen Spezialisierungsgrad der Katzen theoretisch begründet.

Ich muß gestehen: Dieses Buch entstand aufgrund einer Liebesbeziehung zu einer faszinierenden Gepardenfamilie, mit der ich 17 Wochen meist auf allen Vieren durch die Serengeti in Tansania wanderte, bei der ich 17 Wochen Gastfreundschaft genoß, mit der ich 17 Wochen mitfühlte, mitspielte und nicht zuletzt mitlernte, wie die Natur in den afrikanischen Steppen funktioniert – all dies als überzeugter Animist.

Eigentlich war ich schon immer eher ein Fan von Tigern gewesen. Als ich 1995 erstmals in der Maasai Mara in Kenia war, faszinierten mich Leoparden, bei meinen ersten Tansaniareisen kam schließlich das Löwenfieber dazu. Doch als ich im Juni 1996 in die Serengeti fuhr und einen tiefen Blick in die Augen einer Gepardin mit fünf Jungen wagte, war es um mich geschehen. Das Projekt „Leben mit Geparden" war geboren. Die Texte schrieb ich direkt in Afrika. Viele Passagen verfaßte ich, während die Geparden schliefen oder während ich im Zeltcamp saß und nebenbei den afrikanischen Sternenhimmel bewunderte. Es entstanden über 20000 Dias und zahlreiche Zeichnungen und Gemälde, die zum Teil viel besser von meiner inneren Beziehung zu den überaus faszinierenden Katzen berichten können. Leider kann ich Ihnen mit diesem Buch nur einen kleinen Teil der Materialien zugänglich machen, aber ich habe mir viele Tage und Nächte Zeit genommen, um das Wichtigste herauszufiltern.

Nun möchte ich Sie einladen, für die folgenden Seiten und hoffentlich viele Stunden in unserer Gepardenfamilie Gast zu sein. Lassen Sie sich verzaubern von einer (Bilder-)Geschichte, die das Leben schrieb.

Matto H. Barfuss
(Freier Künstler und einer, der zumindest für 17 Wochen glaubte, Gepard zu sein)

Einleitung

▲ Der König des Ngorongorokraters.

Es war 1995, als wir – meine Frau und ich – uns unsterblich in Ostafrika verliebten. Und da Weihnachten bekanntlicherweise das Fest der Liebe ist, verbrachten wir folgerichtig den Jahreswechsel 95/96 in Tansania.

Am 24. Dezember pirschten wir bei 45 °C im Schatten durch das Selous Wildreservat im Süden des Landes, kaum 50 Kilometer vom Indischen Ozean entfernt. Das Weihnachtsmenü mußten wir gegen Kakerlaken und allerlei andere große und kleine Insekten verteidigen. Dennoch werden wir dieses Weihnachtsfest am Ufer des Großen Rufiji-Flusses niemals vergessen.

Eine Woche später sollte sich ein weiterer großer Wunsch erfüllen: Silvester und Neujahr am Ngorongorokrater, dieses Juwel, der just vor einem halben Jahr unsere Liebe zu Tansania endgültig besiegelte. Mittlerweile bin ich schon so oft dort gewesen, doch jedesmal, wenn sich unser Land Rover die letzten Meter der steilen Kraterstraße hochquält, überkommt mich eine seltsame innere Unruhe. Die Luft, die zum Autofenster hereinweht, wird kühler. Sie ist schwer und trägt trotzdem den Duft von Freiheit in sich. In der letzten Kurve ist die Hand bereits am Türdrücker. „Sollen wir hier Halt machen?“ Die Frage unseres Fahrers beantworte ich mit einem Sprung aus der noch rollenden Karosse.

Beim Anblick des Kraters möchte man fliegen, wie ein Geier hoch oben seine Kreise ziehen und mit den scharfen Augen alle kleinen und großen Wunder in sein ach so begrenztes Sehzentrum einspeisen. Professor Grzimek berichtete einst: „Der Ngorongorokrater ist so schön, daß man es mit Worten nicht beschreiben kann. “ Recht hatte er. Verstehen Sie nun unseren Wunsch, in diesem Paradies das neue Jahr zu begrüßen?

Manchmal sinken die Temperaturen am oberen Kraterrand in der Nacht fast bis zum Gefrierpunkt. So auch am Silvesterabend. Dicht gedrängt saßen wir vor dem Lagerfeuer. Thomas – unser Koch – hatte eine Torte gebacken, auf genau dem Feuer, an dem wir nun Wärme suchten. In dicker grüner Zuckerschrift leuchtete uns „Happy new year Monika & Matto“ entgegen. Afrikanische Köche sind Zauberkünstler. Sie stellen auch dann noch tolle Menüs zusammen, wenn die Vorräte bereits fast aufgebraucht sind. Unser Beitrag zum Fest war eine Flasche Sekt, die wir in der nahegelegenen Lodge erfeilscht hatten: südafrikanischer Billigsekt für 50 US-Dollar – ein Freundschaftspreis. Immerhin, die Flasche war reichlich verziert und der Inhalt eiskalt. Jedenfalls so kalt, daß unsere beiden afrikanischen Begleiter Thomas und Nyangusi keine Lust auf das sprudelnde Feuerwasser hatten.

Kurz vor Mitternacht fiel uns auf: wir hatten den ganzen langen Abend nur von Afrika gesprochen. Dabei wollte Nyangusi doch so viel von der scheinbar heileren deutschen Welt wissen.

Fast pünktlich zum Jahreswechsel hatte sich eine Hyäne bedrohlich nahe an unsere Silvestertorte herangewagt. Für einen kurzen Moment wurde es laut in unserem Lager. Thomas warf sämtliche Küchengegenstände, deren er in der Kürze habhaft werden konnte, nach dem Biest. Es machte verdammt viel Spaß: „afrikanisches Feuerwerk“ hoch oben auf dem ostafrikanischen Grabenbruch! Ich lauschte noch lange den knirschenden Lauten der Zebras, während sie, kaum zwanzig Meter vom Zelt entfernt, das Gras rupften und zerkleinerten.

„Wo ist denn der Ngorongorokrater?“ wird sich so mancher fragen, wenn er frühmorgens aus seinem Zelt kriecht. Die Nebelwälder, die nach und nach die Hänge erobert haben, produzieren nahezu allmorgendlich dichten Dunst. Wir kannten das Zeremoniell und brachen daher bereits um sieben Uhr auf. Zunächst führte unser Weg zur Kraterverwaltung. Dort muß man, wann immer man in den Krater fahren will, eine Tagesgenehmigung erwerben. Dieser scheinbar einfache Vorgang dauert für ungeduldig wartende Europäer meist viel zu lange, zumal wenn die Beamten noch nicht ausgeschlafen sind.

Gut eine halbe Stunde später rollte unser Land Rover schließlich im Schrittempo die steile Kraterstraße hinab. Wir mußten unweigerlich darüber nachdenken, was wohl passieren würde, wenn die Bremsen des Autos versagen würden. Jedenfalls tut man gut daran, sich viel Zeit für den „Abstieg“ zu nehmen.

Endlich unten, waren wir die ersten im Krater und hatten dazu azurblauen Himmel: Herz was willst du mehr?! Als erstes stieg ich aus, holte tief Luft und empfing Inspiration. Ich kenne mich inzwischen in dem rund 200 Quadratkilometer großen Kratergrund bestens aus und dirigierte Nyangusi in den Ostteil. Ich wußte nicht warum, aber es mußte so sein. Vielleicht eine Vorahnung? „Da sind Löwen vor uns!" rief Nyangusi und hielt das Auto gar nicht erst an. Die Vorliebe meiner Frau für die größte Katze Afrikas war ihm bestens bekannt.

Nur einen Steinwurf vom Weg entfernt lag der Kraterpascha, ein mächtiger Löwenmann. Obwohl der Krater ein eher begrenzter Lebensraum ist, leben dort zwei große Löwenrudel. Sie haben ein gutes Leben, denn das ganze Jahr über ist der Tisch reich gedeckt. Schließlich hat der Ngorongorokrater die höchste Wilddichte weltweit.

Löwen sind faul. Das ist ihre Lebens- oder vielmehr Überlebensphilosophie. Der Herr mit der prächtigen Mähne machte keine Anstalten, sich zu bewegen. Er blinzelte zu uns herüber, und dabei fielen ihm zeitweilig die Augen zu. Wir warteten, beobachteten die Nebelschwaden, die den Kraterrand jetzt gleich Seidenvorhängen verhüllten, und erfreuten uns der wärmenden Sonnenstrahlen nach der bitterkalten Nacht.

Wir spürten und sahen, in welchem Maße die Hitze zunahm. Bald waren die letzten Nebelfetzen aufgesogen. Unser Umfeld bot keinen Schatten. Gut, daß wir ein Autodach über dem Kopf hatten. So war es auszuhalten und wir mußten nicht so schrecklich angestrengt hecheln wie der Löwe. Mehr und mehr machten ihm die unnachgiebigen Sonnenstrahlen zu schaffen. Immer gieriger starrte er auf den Schatten, den unser Fahrzeug warf. Ich blickte dem Löwen in die Augen, warf ihm in Gedanken die vertrauensvolle Nachricht zu: „Leg dich einfach hier neben uns. Ist besser so." Er verstand. Schwerfällig hievte er sich auf die Beine. Mit angestrengtem Gesicht musterte er seine Umgebung: Pflichtübung, schließlich ist er der Herr im Hause. Unsere Blicke trafen sich wieder. Ich versicherte ihm noch einmal, er sei willkommen. Mit Tieren in Afrika spricht man in Gedanken. Das ist viel einfacher und geistreicher. Leider vergessen wir hochstilisierten, kommunikationsversessenen Europäer dies leicht.

Er trottete zu uns herüber. Bloß kein Bein zu hoch heben! Ich fürchtete, er könnte stolpern. Endlich stand er an der schattigen Seite des Rovers: Ein riesiger Löwe. Sein Rücken erreichte in etwa die Höhe des Fensters. Ich beugte mich weit heraus, um ihn zu bewundern. Er starrte statt dessen in die Ferne.

Manchmal macht man Dinge, die man selbst nicht erklären kann. So in diesem Fall: Ich berührte den Kraterpascha an der Mähne und strich sanft mit meiner Hand über seinen Rücken. Mir fuhr nicht der Schreck, nein ein unbeschreibliches Glücksgefühl durch die Glieder. Der Löwe warf den Kopf herum und blickte mich an ... für einige Sekundenbruchteile, vielleicht auch Sekunden oder Minuten ... ich weiß

es nicht. Dann kam er noch einen Schritt näher und legte sich unterhalb meiner Tür nieder.

▲ **„Maasai Mara", Ölgemälde auf Leinwand, 140 x 140 cm.**

Nyangusi ist ein Maasaikrieger. Er, der gemäß der Tradition seines Volkes ein Jahr allein in der Wildnis gelebt hat, hatte meinen „Dialog" mit dem Löwen mitbekommen. „Niemand kann einen wilden Löwen einfach streicheln. Er hätte dich anfallen müssen," stammelte Nyangusi und schien etwas blaß – soweit Afrikaner überhaupt blaß werden können. „Dieses Jahr wird etwas Großes geschehen," sagte Nyangusi einige Minuten später.

Es verging rund ein halbes Jahr, bis er mich erneut an das Geschehnis im Ngorongoro erinnerte. Ich war gerade Mitglied einer wildlebenden Gepardenfamilie in der Serengeti geworden ...

Die erste Begegnung

Eigentlich schien unsere Idee, einer Gepardenfamilie zu folgen, zunächst ein Flop zu werden. Ganze sieben Tage suchten wir die tansanische Serengeti ab. Wir fanden gut zwei Dutzend Löwen, drei Leoparden – aber nicht einen einzigen Geparden.

Ein halbes Jahr später trat ich meine fünfte Tansaniareise an. Ich hatte mir vier Wochen Serengeti verordnet und meinem Maasaifreund und Fahrer Nyangusi vorsichtshalber mitgeteilt, daß ich auf keinen Fall zurückkehren würde, ohne einen Gepard gesehen zu haben. Um es kurz zu machen: Ich traf mit sage und schreibe 34 verschiedenen Geparden zusammen. Der Hauptgrund meiner Reise war eigentlich, die große Migration im Westkorridor weiterzuverfolgen, und damit eine Reportage über die großartige

▲ Die Serengeti: Es ist nicht leicht, Geparde in diesem Grasmeer zu finden.

Wanderung von rund zwei Millionen Gnus und einer halben Million Zebras zu vollenden. Schließlich kam alles ganz anders ...

Wir haben kaum das Haupttor zur Serengeti passiert, da fällt uns zwischen der bombastischen Ansammlung von Granitfelsen in den sogenannten Simba Kopjes (Suaheli = Löwenfelsen) ein unscheinbarer Punkt in der Steppe auf. Nyangusi tritt auf die Bremse. Es dauert einige Augenblicke, bis der Staub dieser in der Trockenzeit scheinbar trostlos ausgedorrten Ebene an uns vorbeizieht.

„Mdoamdoa Wajini!" freut sich Nyangusi. Das heißt soviel wie „schwarz gefleckte Katze, die auf dem Boden lebt" und ist gleichbedeutend mit Gepard. „Mdoamdoa Wajini" entspringt sozusagen dem Jägerlatein tansanischer Safarifahrer.

Was zunächst ein vereinzelter Gepard in endloser Steppe zu sein scheint, entpuppt sich als Gepardenmutter mit fünf, etwa zweieinhalb Monate alten

▲ Das erste Zusammentreffen: Es ist „Liebe auf den ersten Blick". Besonders in den ersten Wochen ist es für Geparde strikte Überlebensphilosophie, sich bei Gefahr gut zu verstecken. Man hat verschiedentlich beobachtet, daß die kleinen Geparde auch dann ihr vermeintlich sicheres Versteck beibehalten, wenn beispielsweise eine Elefantenherde vorbeikommt. So kann es leicht passieren, daß eines der Babies totgetreten wird, falls es der Mutter nicht rechtzeitig gelingt, sie einzeln aus der Gefahrenzone zu tragen.

Jungen. Als wir uns nähern, versuchen sich die Katzen sogleich im hohen Gras zu verstecken. Die Familie ist sehr scheu. Durch das 400-Millimeter Fotoobjektiv blicken mich ängstliche Gesichter an. Wir folgen den Katzen sehr vorsichtig, und zu guter Letzt versuche ich im Licht der langsam untergehenden Sonne einige Impressionen der faszinierenden Geschöpfe einzufangen.

▼ Wenn die Mutter da ist, werden die gefleckten Katzenkinder etwas mutiger und riskieren schon einmal einen ausgiebigen Blick.

Gut eine Woche später bauen wir unser Lager im Seroneragebiet im Herzen der Serengeti auf. Ich habe eher frustrierende Tage im Westkorridor hinter mir. Um so mehr erfreut es mich, durch mehrere Safarifahrer von einer Gepardenfamilie mit fünf Jungen in den Simba Kopjes zu hören. Nyangusi liest meine Gedanken. Ganz von selbst macht er den Vorschlag, am kommenden Tag zu den Kopjes aufzubrechen. Die nächsten drei Wochen will ich ganz und gar dem Familienleben der Geparde widmen.

Nach einer Tragzeit von 90 bis 95 Tagen werden ein bis fünf 250–280 Gramm schwere Junge geboren. Acht bis elf Tage lang sind sie noch blind. In den ersten Wochen versteckt die Gepardin ihren Nachwuchs sorgsam, wenn sie auf Jagd geht.

Am Ende steht eine Liebesbeziehung,
die unter die Haut geht.

Es ist der 6. Juli. Wir treffen die Familie im Schatten einer halbhohen Akazie. Die bereits hochstehende Tropensonne heizt mächtig ein. In typischer Katzenmanier liegen die Geparden da und vertreiben sich die Zeit mit Dösen. Nur wenn eines der unvermeidlichen Safarifahrzeuge voller Touristen, die den genialen Schnappschuß suchen, anrollt, stehen sie ängstlich auf.

◀ In den ersten drei Monaten haben Gepardenkinder eine lustige Frisur. Ihr langes, helles Nacken- und Rückenhaar verrät noch am ehesten, wo sie sich gerade herumtreiben.

► Solange die Gepardenkinder noch so jung sind, vermeidet es die Mutter, in der Mittagshitze mit ihnen zu wandern. Dann werden einzelne Büsche oder kleine Bäume in der Steppe eine regelrechte Ruheoase.

▼ Der heimliche Kuß tief unten im Gras.

Zur Mittagszeit nimmt der Touristentrubel zu. Die Gepardin führt ihre Jungen in die Steppe, wo sie diese im hohen Gras versteckt. Doch die Safarifahrzeuge folgen ihr. Ich fühle mich verantwortlich. Die Nationalparkverwaltung der Serengeti hat mir eine „off-road" Sondergenehmigung erteilt. Wenige Augenblicke nachdem ich die Safarifahrer darauf verwiesen habe, daß „off-road" Fahren im Bereich der Simba Kopjes nicht erlaubt ist, sind wir mit unserer Familie wieder allein. Gegen Abend öffne ich die Tür des Land Rovers. Unser Fahrzeug ist rund fünf Meter von der Gepardenmutter entfernt. Sie faucht und versucht mich zu attackieren. Ich schließe vorsichtig die Tür und schaue sie einfach nur an – stundenlang.

Nyangusi erinnert daran, daß es höchste Zeit ist, ins Lager zurückzukehren. Die Sonne küßt gerade den Horizont. Es dauerte kaum drei Minuten, da fällt sie im wahrsten Sinne des Wortes vom Himmel – eben ein typisch tropischer Sonnenuntergang.

Tag für Tag erreichen wir die Gepardenfamilie vor Sonnenaufgang und verlassen sie am Abend erst dann, wenn wir ganz sicher sind, ihren Schlafplatz genau zu kennen. Geparde wandern in der Nacht nie, es sei denn, es droht akute Gefahr – zum Beispiel von Löwen oder Hyänen.

Die Familie scheut unser Fahrzeug kaum noch und reagiert nach gut einer Woche schließlich vollkommen gelassen. Wir können die Jungen weiter beobachten, ohne daß die Mutter sie versteckt, wenn sie auf die Jagd geht.

►► Nächste Doppelseite: Die hungrigen Kleinen werden gesäugt. Die Saugzeit beträgt insgesamt 6-8 Wochen.

▼ Mit zunehmendem Alter werden die Gepardenkinder auch neugieriger. Sie beginnen sich für uns zu interessieren.

Wir bemerken: die Gepardin ist eine perfekte Jägerin. Dies ist wohl einer der Gründe, warum sie ihre fünf Sprößlinge wohlbehalten durch die äußerst gefährliche Zeit der ersten drei Lebensmonate geführt hat. Alle Jagden, die wir bis dato verfolgt haben, sind erfolgreich gewesen. Das alles entscheidende „Timing" ist perfekt. Sobald sich die Gruppe Thomsongazellen, die bevorzugte Beute der schnellen Katzen, von ihr abgewendet hat, jagt sie an. Selbst Distanzen von etwa 100 Metern zwischen ihr und dem Beutetier sind für sie kein Problem. In wenigen Augenblicken erreicht sie ihre Höchstgeschwindigkeit, die bei Geparden bis zu 120 Stundenkilometer beträgt. Die Jagd im Bild festzuhalten gelingt so gut wie nie. Die Steppe ist zu ausgetrocknet und nach wenigen Metern Jagd zieht nur noch eine Staubwolke durch die Ebene.

Wir taufen die Gepardenkinder „Fundis"

Heute ist der 21. Juli. Wie an jedem Morgen ist es noch dunkel, als wir die Katzen erreichen. Um etwa sieben Uhr hebt sich die Sonne träge über den Horizont. Die fünf Gepardenkinder zeigen sich in höchster Spiellaune. Spielerisch üben sie schleichen und jagen sich gegenseitig. Immer wieder trainieren sie den für die erfolgreiche Jagd so wichtigen Genickgriff.

Uns fällt auf, daß unser Land Rover im Mittelpunkt des Interesses steht. Während einer der Geparde versucht, auf die Motorhaube zu springen, untersucht ein anderer mit seinen Zähnen die Reifen. Sämtliche Autoteile werden getestet. Zuweilen wird es laut unter dem Auto. Es klingt nach wilder Tollerei. Wir taufen die Gepardenkinder „Fundis", was soviel heißt wie Automechaniker.

Plötzlich beendet die Gepardenmutter das lustige Treiben. Eine Gruppe Thomsongazellen betritt die im warmen Morgenlicht wundersame Kulisse

◄ Das Spielverhalten ist unter anderem wichtiges Element der sozialen Bindung. Am Spiel nehmen alle Familienmitglieder teil. Außerdem läßt sich anhand des Spiels eindrucksvoll die tatsächliche Entwicklung der Jungen verfolgen. Bereits in einem sehr frühen Stadium üben kleine Geparde den so überaus wichtigen Kehlbiß, obwohl das spielerische Kämpfen überwiegend noch ein unkontrolliertes Umherbalgen zu sein scheint.

▶ Plötzlich ändert sich das Gesicht einer erfolgreichen Jägerin in ein ängstliches. Eine Hyäne läuft zielstrebig auf sie zu ...

▼ Die Gepardenkinder sind aufmerksame Zuschauer, wenn die Mutter auf Jagd geht.

◄ **Hyänen haben das schärfste Gebiß aller Karnivoren. Dennoch sind sie nahezu reine Aasfresser. Ihre Hinterbeine sind zu kurz, um schnell genug zu laufen. Nur in der Gruppe gelingt es hin und wieder junge oder kranke Beutetiere zu töten. Ich selbst habe beobachtet, wie rund zehn Hyänen ein Zebra hetzen, ohne zum Erfolg zu kommen.**

der Simba Kopjes. Während die Mutter sorgsam das halbhohe Gras nutzt, um sich unbemerkt den begehrten Gazellen zu nähern, sitzen die fünf Spieler im Gras und beobachten jede Bewegung. Wir folgen der Jägerin. Auf halber Strecke zwischen Gepard und Gazellen stoppen wir unseren Wagen. Das bestens bekannte Lampenfieber stellt sich ein. Im Geiste versuche ich die Jagdszene vorzuzeichnen, richte die Kamera ein und überprüfe vorsichtshalber alle Funktionen. Wir sind enttäuscht. Die kleinwüchsigen Antilopen schauen beunruhigt in die Richtung der Gepardin. Ist es nur der Instinkt oder haben sie tatsächlich den unscheinbaren Punkt in der Landschaft als Gefahr identifiziert? Auf alle Fälle ändern sie ihre Richtung und entfernen sich geradewegs. Wir werfen das Handtuch, jedoch die Gepardin keineswegs. Ganz unvermutet, obgleich die Entfernung zwischen ihr und den Gazellen aussichtslos weit erscheint, jagt sie an. Ein lebender Blitz zischt an uns vorbei. Zu spät erkennen die Antilopen den herbeijagenden Tod. Sie suchen ihr Heil in der Flucht. Vergebens. Gut 100 Meter Verfolgungsjagd, alle noch so gekonnten Haken und Täuschungsmanöver nützen nichts. Als wir herbeieilen, hat die stolze Mutter bereits das Leben einer halbwüchsigen Thomsongazelle ausgelöscht. Sie hält sie mit dem unbedingt tödlichen Kehlgriff.

▲ **In einer unbeschreiblichen Hektik verschlingt die Hyäne den leblosen Körper ... Es vergehen keine zehn Minuten, da hat sich die Gazelle scheinbar in Luft aufgelöst.**

Ich bin mit Fotografieren beschäftigt und beobachte sie genau. Alles dauert nur wenige hektische Sekunden lang. Plötzlich ändert sich das Gesicht der erfolgreichen Jägerin in ein ängstliches. Eine Hyäne läuft zielstrebig auf sie zu. Die Körpertemperatur nach einer solchen Jagd ist viel zu hoch. Eine Konfrontation könnte jetzt leicht tödlich enden. Die eben noch so stolze Katze gibt die Beute frei. Hat die Hyäne die leblose Gazelle erst erreicht, ist jedes Ablenkungsmanöver selbst unsererseits zwecklos. In einer unbeschreiblichen Gier verschlingt der Aasfresser den leblosen Körper. Sein Gesicht ist vollkommen blutverschmiert. Es vergehen keine zehn Minuten, da hat sich die Gazelle scheinbar in Luft aufgelöst.

In der Zwischenzeit hat die Mutter ihren hungrigen Nachwuchs zu einer schattenspendenden Buschgruppe geführt. Wir wollen die Familie auf keinen Fall stören und parken deshalb in weiter Entfernung. Der Tag wird

▲ **Die erste Annäherung ...**

heiß. Es fällt mir schwer, mich zu konzentrieren. In Gedanken lasse ich die faszinierenden Spielszenen der Gepardenkinder passieren. Es ist heute unser einziges Gesprächsthema. Selbst Nyangusi ist überrascht, wie gut wir akzeptiert werden. Mir kommt eine Idee, doch ich schweige darüber.

Es wird kühler, der Abend rückt näher. Unter den Büschen wird es lebhaft. Wir treffen mit bestens gelaunten Katzen zusammen. Während die Mutter die Gruppe anführt und Ausschau nach einem Schlafplatz hält, tollen die Kinder hinter ihrem Rücken.

Ich schätze die Laufrichtung ab und fordere Nyangusi auf, vorauszufahren. Er stellt das Auto quer und ich steige fest entschlossen hinter dem Fahrzeug aus. Mein Begleiter ist entsetzt: „Hey, what are you doing? It's dangerous!" Ich überhöre es einfach. Mein Gefühl sagt mir, daß die Zeit reif ist, direkt mit der Familie in Kontakt zu treten.

Wir werden eine Familie ...

Die Kamera liegt auf dem staubigen Boden und ich verfolge unter dem Wagen hindurch, wie die Katzen stetig näher kommen. Gerade will die Gepardin in gut zwanzig Metern Entfernung vorbeiziehen, als sie mich erblickt. Sie nimmt mich genauestens ins Visier. Zu meiner Freude ist sie kaum beunruhigt.

► **Als ich mich der Familie schutzlos auf dem Steppenboden präsentiere, kommen die Gepardenkinder Stück um Stück näher. Es ist zunächst eine Überlagerung aus Neugierde und Angst ...**

Ich robbe von der überdimensionalen Blechkarosse weg. Das erste Gepardenkind bekommt den seltsamen „Homo sapiens" zu Gesicht. Was sich im Folgenden ereignet, übertrifft all unsere Erwartungen bei weitem. Die ganze Meute der „Fundis" kommt näher, nur wenig ängstlich, voller Neugierde. Auf dem Boden liegend erscheinen die kleinen Geparde richtig groß. Ich fotografiere und durch die Kameralinse schauen mich riesige, unbeschreiblich schöne Augen an. Manchmal sind sie so nah, daß ich die Bilder nicht mehr scharf stellen kann. Zuweilen erschrecken sie selbst über ihre Vorwitzigkeit, fauchen – was eher lustig als drohend wirkt – und weichen zurück. Dann kommen sie wieder, rümpfen die Nasen und Schnurren und

▼ **... doch bald integrieren sie mich in ihr Spiel. „Und es ist ein bezauberndes Gefühl, sich mit den flinken Katzen im Vulkanstaub der Serengeti zu wälzen".**

Gurren wie Täubchen. Ich absolviere einen Schnellkursus in Gepardensprache. Wir kommen uns zweifelsohne näher. Die Mutter indes liegt im Gras und schaut freundlich zu mir herüber. Und dennoch steht in ihren Augen: „Wehe, wenn du meinen Kindern etwas zuleide tust!"

Mein Freund im Fahrzeug triumphiert. Ich bitte ihn, einige Fotos zu schießen. Vorsichtig gleitet er aus dem Auto und robbt in gleicher Weise. Dabei läßt er die Fahrertür geöffnet. Offensichtlich kennt die Neugierde der Katzenkinder keine Grenzen, denn nur wenige Minuten vergehen, da sitzt auch schon der erste Gepard auf dem Fahrersitz. Alles wird sorgsam untersucht: der Sitz, das Lenkrad, die Armaturen. Für Glasscheiben gibt es keine Erklärung. Jedesmal, wenn die vorwitzige Nase dagegenstößt, dringt ein Fauchen aus dem Inneren des Wagens.

Ich beschäftige mich mit dem Rest der Meute, oder vielmehr: sie beschäftigt sich mit mir. Gerade sind sie dabei, meine Füße zu untersuchen. Vorsichtig betatschen sie die Schuhe mit ihren Tatzen. Das Gesicht eines Geparden verschwindet für einige Augenblicke in der Gegenlichtblende meiner Kamera. Ich studiere und genieße die Eindrücke des Verhaltens der jungen Geparde so intensiv, daß ich nicht einmal mehr bemerke, daß mittlerweile eine der Katzen auf der Motorhaube sitzt und die Bruchfestigkeit der Windschutzscheibe prüft. Sie sieht sich selbst darin, faucht immer wieder und haut mächtig mit der Tatze dagegen.

Wir vergessen die Zeit. Die Sonne verschwindet bereits hinter dem Horizont, als die Gepardenmutter ihre Kinder schließlich auffordert, zum Schlafplatz im hohen Gras der Steppe zu folgen. Erst nach Einbruch der Dunkelheit machen wir uns auf den Weg ins Camp.

Nie habe ich Nyangusi so erlebt. „Wonderful, wunderbar, Mzuri sana", mein Begleiter benutzt alle Sprachen, die er beherrscht, gleichzeitig. Im Lager angekommen hat er viel zu tun. Alle Kollegen müssen von unserem Erlebnis erfahren. Allerdings glaubt uns keiner. Hoch lebe die Technik der Fotografie! Fürs erste erhalten wir den Spitznamen „Crazy Guys".

Familienleben

22. Juli – üblicherweise war ich es, der die Nacht um fünf Uhr in der Früh beendete, doch heute ist Nyangusi vor mir auf den Beinen. Ganz unafrikanisch hektisch schlingen wir einige trockene Scheiben Brot in uns hinein und schlürfen wässerigen Kaffee.

Wir erreichen die Simba Kopjes lange vor Sonnenaufgang. Die Geparde scheinen noch zu schlafen. Dennoch – wir sind zu euphorisch und beschließen, vorsichtig näher zu fahren. Es scheint okay zu sein, denn wir

◀ **Dieses Gepardenkind genießt die gute Aussicht von der Motorhaube.**

haben noch nicht einmal den Motor abgestellt, da beginnt die wilde Tollerei. Ich nutze die Zeit bis zum Sonnenaufgang, meinem Begleiter allerlei Weisungen zu erteilen. Außerdem gebe ich einen Schnellkursus in Tierfotografie. Sobald ein roter Streifen am Horizont den Tag ankündigt, gleite ich aus dem Auto. Auf allen Vieren krabbele ich in die Prärie. Die Gepardenkinder sind gelassen, ihnen blitzt der Schalk aus den Augen. Die Mutter ist zunächst noch eher ängstlich.

▼ **Die Neugierde der Geparde reicht schließlich so weit, daß sie sich selbst in das Auto wagen ... Alles wird sorgsam untersucht. Gibt es keine Erklärung, dann fauchen die Kleinen einfach.**

▲ Bisweilen vergesse ich rechtzeitig abzudrücken, weil mich der Zauber des Szenarios fast erdrückt.

► Das Gepardenmädchen Dione im goldenen Morgenlicht.

◄ ▲ Der Gepardenjunge Attila: immer obenauf ...

▶ Titan und Hans hecken gerne Streiche aus ...

▲ ... da werden Dione und ihre Mutter Diana schon mal mißtrauisch.

◄ „Titan“ und

▼ „Thea“

Ich konzentriere mich und komponiere Fotokunst. Bisweilen vergesse ich rechtzeitig abzudrücken, weil mich der Zauber des Szenarios fast erdrückt. Außerdem erschweren mir die „Fundis“ die Arbeit. Immer wieder beschnüffelt einer neugierig das Objektiv. Von Zeit zu Zeit muß ich deshalb die Linse reinigen.

▼ Die Gepardenmutter jagt eine Thomsongazelle.

Nyangusi ist jetzt auch draußen. Er fotografiert im Akkord. Wenn er gerade nicht abdrückt, kommentiert er lautstark.

Wieder sitzt ein Gepard im Auto. Er thront auf meinem Fotokoffer und hat seinen Kopf durch das Gitter im Kofferraum gesteckt. Wir müssen den Tolpatsch schließlich befreien. Die anderen Gepardenkinder betatschen mich eifrig. Mir wird klar, welch enorme Kraft in ihren Tatzen steckt. Die Krallen sind messerscharf. Das Gepardenjunge hat auf seinem kurzen Ausflug ins Fahrzeuginnere fünf tiefe Schlitze im Sitzpolster hinterlassen. Um so mehr begeistert es mich, daß die so wehrhaften Tatzen im Laufe unseres Spiels ganz sanft werden. Schließlich ziehen sie ihre Krallen ganz ein. Ein enormer Vertrauensbeweis!

▼ Schon nach gut zwanzig Tagen bekommen die Jungen erstmals Fleischnahrung. Anfangs bereitet es allerdings sichtlich Mühe, Fleischstückchen zu lösen. Meist begnügen sich die Katzenkinder zunächst damit, das Fleisch abzulecken. So kommen sie im wahrsten Sinne des Wortes auf den Geschmack.

Ich werde immer mehr ins Spiel integriert. Den Katzen macht es Spaß, auf meinen Schuhen herumzubeißen. Manchmal jagen sie direkt auf mich zu, stoppen nur knapp einen halben Meter vor mir oder purzeln gegen mich. Jedesmal verschwinde ich dann mitsamt den Spielern in einer Staubwolke. Am Ende sehe ich aus wie ein bepuderter Elefant. Die Ausrüstung ist gnadenlos verdreckt. Ich habe nun alle Hände voll zu tun, um meine Kamera für die plötzlich anstehende Jagd vorzubereiten. Die unglaublich scharfen Augen der Gepardin haben eine Gruppe Gazellen ausgemacht. Sie sind noch weit entfernt, aber die erfahrene Jägerin schleicht bereits im Eiltempo näher.

Wir sind verdutzt. Sie läßt uns einfach mit ihrem Nachwuchs zurück, ganz unbesorgt! Nichtsdestotrotz beenden die Katzenkinder sofort ihr Spiel. Sie spüren die Spannung, sitzen im Gras und beobachten aufmerksam. Wir ziehen uns unbeachtet ins Auto zurück und versuchen eine Position für gute Jagdszenen zu finden. Letztendlich tritt aber der altbekannte Fall ein. Die Gepardin berechnet perfekt, eine Staubwolke huscht durch die Ebene. Diesmal tötet die Mutter die Gazelle direkt vor den Augen ihrer Jungen. Als

wir hinzukommen, hat sich bereits die ganze Familie auf die Beute gestürzt. Die Gepardenkinder streiten heftig. Jeder will den ersten Happen haben. Und dennoch, das Fressen fällt schwer. Nur mit äußerster Mühe gelingt es, Fleischstückchen zu lösen. Die Mutter läßt die Kleinen gewähren. Sie rührt die tote Gazelle nicht an. Erst wenn alle ihre Sprößlinge satt sind, wird sie ihren Hunger stillen.

Ich frage mich, was wohl passiert, wenn ich einfach zu der begehrten Beute robbe. Nyangusi hat Bedenken. Das Experiment ist allerdings ein voller Erfolg. Sobald ich die tote Gazelle berühre, erzeugt der angeborene Futterneid eine Abwehrreaktion. Der mir am nächsten liegende Gepard faucht. Genau betrachtet bin ich voll akzeptiertes Familienmitglied.

Am Nachmittag verlassen wir die Katzen für gerade einmal eine Stunde. Sie liegen dösend im Schatten eines Busches. So richtig satt ist niemand. Eine kleine Thomsongazelle füllt eben nicht sechs Gepardenmägen.

Von unserem kurzen Ausflug zurückgekehrt, verblüfft mich die Gepardin aufs neue. Zwischenzeitlich hat sie eine der größeren Grantgazellen zur Strecke gebracht. Wir vermuten, daß das ahnungslose Tier direkt in Richtung des Busches lief und seinerseits Schatten suchte. Ein tödlicher Wunsch! Am Abend ist die Familie zu vollgefressen, um zu spielen. Dennoch robbe ich heran. Einer der „Fundis“ steht sogar auf,

▲ **Das Lösen von Fleischstückchen ist sehr anstrengend. Da ziehen es die Fundis manchmal vor, die Beute lieber als Kopfkissen zu benutzen.**

aber es macht ihm keinen Spaß. Er sieht richtig rund und ein bißchen unbeholfen aus.

Es bleiben nur noch wenige Tage. Ich nutze jede Minute, um mit den faszinierenden Tieren zusammen zu sein, beobachte immer wieder Fortschritte. Allmählich beginnt auch die Gepardin mit mir zu spielen. Anfangs ist sie noch sehr zögernd. Meist legt sie sich etwa einen Meter neben mich und mustert mich genauestens. Zuweilen, wenn ihre Sprößlinge sich fast nur mit mir beschäftigen, scheint sie neidisch zu werden. Sie versucht sich dann zumindest ein bißchen einzubringen.

Der 27. Juli ist schließlich ohne Wenn und Aber der Tag des Abschieds. Wie immer sind wir vor Sonnenaufgang im Kreise der Familie. Heute lasse ich die Kamera einfach im Koffer. Ich erwarte nichts Neues und will einfach alle Eindrücke in mich aufsaugen. Wir tollen ausgelassen auf dem staubigen Boden. Die Gepardin ist auffallend neugierig. Zum ersten Mal beginnt sie, mich zu beschnüffeln. Zeitweise zieht sie sich

einige Meter zurück und faßt wieder neuen Mut. Was dann passiert, ist einer der nachhaltigsten Eindrücke, den ich von dieser Reise mit nach Hause nehmen werde. Ganz unvermittelt sind wir Nase an Nase. Ich schaue in faszinierende tief rotbraune, große Augen. Die Katze weicht nicht zurück. Ganz im Gegenteil, sie richtet sich nur leicht auf und betatscht mich. Die Tatze ist unglaublich weich. Ich bin tief gerührt. Der Abschied wird dadurch noch schwerer.

Das Gespräch zwischen Nyangusi und mir kennt nur ein Thema: die Gepardenfamilie. Noch nie hat der erfahrene Serengetigänger auch nur annähernd so etwas erlebt. Selbst noch am Flughafen erzählen wir uns gemeinsam Erlebtes zum zigtenmal:

Gepardenfamilie, ich liebe euch!!

▼ Nach dem Fressen putzen sich Geparde gegenseitig. In diesem Fall verordnet die Mutter ein ausgiebiges „Bad".

▲ ▲ Gnu im Abendlicht.

▲ Elefanten bevorzugen eigentlich die Baumsteppe. Nur wenn sie ihre Standorte generell verändern, ziehen sie durch das offene Grasland.

▶ Giraffen in der Serengetisteppe. Die Giraffe ist das Wappentier Tansanias und deshalb ganz besonders geschützt.

Die zweite Reise

Die drei Wochen daheim vergehen wie im Flug, und doch scheinen sie eine Ewigkeit zu dauern. Die beißende Frage, wie es den Geparden ergeht, verfolgt mich bis in meine tiefsten Träume. Der Informationsaustausch zwischen meinem Büro in Tansania und in Deutschland beschränkt sich auf die berühmten drei Fragezeichen. Eine Woche vor meiner erneuten Abreise ist Nyangusi in der Serengeti. Er wird sich bemühen, die Familie ausfindig zu machen. Damit muß ich fürs erste leben. Dies genügt meiner Ungeduld jedoch nicht. Jedenfalls ist mein Nervenkostüm am Boden. Wann immer ich die Augen schließe, schauen mich die bezaubernden riesigen Augen der jungen Geparde von oben herab an. In den letzten Tagen vor dem Abflug übe ich schließlich eifrig Gepardensprache, sortiere Afrika-Dias und rede mir meine Angst von der Seele, die Geparde am Ende gar nicht mehr zu finden. Die Jungen sind schließlich weiter gewachsen und die Serengeti sowie die angrenzenden Steppengebiete sind gut und gerne so groß wie beispielsweise Bayern.

Endlich, am Abend des 20. August, landen wir unsanft auf dem Kilimanjaro Flughafen in Tansania. Nyangusi erwartet mich am Ausgang. Nach einer betont kurzen Begrüßung folgt die alles entscheidende Frage: „Hast du die Geparde gesehen?“ Nyangusi bringt ein gequältes „Nein“ über die Lippen, relativiert dann allerdings im gleichen Atemzug: „Kein Problem“. Typisch afrikanische Höflichkeit – kann mich im Augenblick aber kaum beruhigen.

► „Fundis“
Ölgemälde auf Leinwand
90 x 140 cm.

Nach allerlei Schwierigkeiten bin ich schließlich um 23 Uhr im afrikanischen Hüttenquartier. Der Strom ist mal wieder ausgefallen. So ordne und präpariere ich eben meine Ausrüstung im flackernden Kerzenlicht. Nach gut zwei Stunden bin ich dann so weit, daß ich direkt auf Safari gehen könnte. Damit wird es jedoch so schnell noch nichts. Zuerst stehen einige Behördengänge an. Ich muß bei verschiedenen Verwaltungen – insbesondere der Nationalparkverwaltung – alle nur erdenklichen Sondergenehmigungen aushandeln. Tansania hat zwar kaum Behördenstruktur, dafür aber eine entsetzlich verknöcherte Bürokratie. Am Spätnachmittag stellen wir frustriert fest, daß der Tag gelaufen ist. Wir verlassen die Safarimetropole Arusha schließlich gegen 16 Uhr. Aus unserem Land Rover holen wir alles heraus, was der 18 Jahre alte Motor zu bieten hat. Immerhin schaffen wir bis zum Einbruch der Dunkelheit gut die Hälfte der 300 km langen Strecke bis zur Serengeti.

Eine lange Suche

Am folgenden Tag sammeln wir bereits am Haupttor des berühmten Nationalparks alle greifbaren Informationen zum Aufenthaltsort unserer Gepardenfamilie. Ein Safarifahrer mit überdimensional dicker Hornbrille gibt vor, die Katzen vor gut einer Stunde gesehen zu haben. Er aalt sich dabei genüßlich in der senkrecht stehenden Tropensonne. Seine Beschreibung verblüfft uns. Wie kann er vor einer Stunde noch dort gewesen sein? Die Berichte der anderen Safarifahrer klingen wahrscheinlicher. Was uns hingegen nachdenklich stimmt ist die Tatsache, daß ihr Zusammentreffen mit den Geparden mindestens 14 Tage zurückliegt. Aktuelle Informationen sind Fehlanzeige – zumindest sofern sie realistisch klingen.

Auf allerlei Umwegen gelangen wir ins Camp. Wir liebäugeln mit dem Gedanken, die Geparde würden uns einfach über den Weg laufen und wählen deshalb lange Wege. Unser Lager besteht vorerst nur aus einem Tisch, einem Stuhl, einer Feuerstelle und einer schlampigen Ansammlung verschiedener Ausrüstungsgegenstände. Dies genügt unserem Koch, ein Mittagessen zuzubereiten. In geradezu unhöflicher Hektik verschlingen wir das kulinarische Zauberkunstwerk. Es erscheint uns wichtiger, baldmöglichst in die Steppe aufzubrechen. Den Aufbau des Lagers überlassen wir einfach dem Koch.

Es scheint, als suchten wir die Nadel im Heuhaufen. Wir halten konsequent alle Safarifahrzeuge an. Dennoch – keine der Informationen bringt uns weiter. Am nächsten Tag beanspruchen wir die Hilfe eines Rangers. Als Sohn des Nationalparkdirektors kennt er den Park scheinbar in und auswendig. Zunächst patrouillieren wir entlang der Westgrenze des Parks, dringen bis zum entlegenen Gebiet der Gol Kopjes vor und suchen von dort aus die Steppe in nördlicher Richtung im Zickzackkurs ab. Zur Mittagszeit

◀ **Marabus, aasfressende Vertreter aus der Familie der Störche.**

Auf ihrem Weg in den Norden stoßen die Gnus und Zebras (unten) auf vielerlei Gefahren. Sie müssen den Grumeti- und den Mara-Fluß überqueren. In diesen Gewässern lauern Krokodile (oben), die größten ihrer Art weltweit.

Die Serengeti kennt zwei Trockenzeiten und zwei Regenzeiten. Die große Regenzeit setzt im März ein und klingt bis Ende Mai mit einigen kurzen Regenfällen aus. Es beginnt die große Trockenzeit und mit ihr die „große Migration", eine der letzten großen Tierwanderungen der Erde. Rund zwei Millionen Gnus und Zebras brechen in den Westen auf, um zum Höhepunkt der Trockenzeit die Maasai Mara im Norden zu erreichen. Sobald sich im November/Dezember mit kurzen heftigen Regenfällen die kleine Regenzeit ankündigt, wandern die riesigen Tierherden zu den Ndutu-Steppen im Süden der Serengeti. Dort verbringen die Grasfresser die kleine Trockenzeit im Januar/Februar und gebären ihre Kälber und Fohlen.

erreichen wir die Simba Kopjes. Wir erinnern uns an unsere gemeinsamen Erlebnisse mit den faszinierenden Katzen. Gepackt von Nostalgie besuchen wir alle Plätze, wo wir unvergeßliche Momente gemeinsam mit unserer Familie verbrachten. Uns fällt auf, daß jenseits der Simba Kopjes riesige Flächen abgebrannt sind. Dies geschah vor gut zwei Wochen. Der Ranger berichtet uns, wie Wilderer südlich der Moro Kopjes Feuer legten. Von dort konnte es sich mit Hilfe starker Winde trotz einer großangelegten Aktion zur Bekämpfung des Brandes rasch ausbreiten. Erst die breite Staubpiste der Hauptstraße zum Seroneragebiet im Herzen der Serengeti bildete eine Barriere, an der sich die gefährliche Feuerwalze schließlich totlief. Dadurch wurde wohl das Familienleben der Katzen beträchtlich gestört. Wir versuchen zu recherchieren: In panischer Angst verließen die Tiere die Simba Kopjes ... Am Ende vermuten wir die Geparde in den Gebieten nördlich der Brandflächen.

Ein trauriges Wiedersehen

Der Tip war goldrichtig. Kaum eine halbe Stunde später sind wir mitten im Kreise der Familie. Die Mutter hat gerade eine Gazelle erlegt. In ihrer unverkennbaren Art streiten die Gepardenkinder um das begehrte Mahl. Es ist für mich, als hätten wir uns erst gestern gesehen. Die Gepardenkinder fremdeln ein bißchen. Sie wirken fast scheu, während die Mutter gelassen bleibt. Durch das Fotoobjektiv schaue ich mir die kräftig gewachsenen Jungen an. Ich versuche in ihren Gesichtern zu lesen, zeichne jeden einzelnen Gesichtszug nach. Ohne Zweifel, das sind unsere „Fundis“!

▲ ► So lange vermißt: Der vertraute Anblick der Gepardenfamilie – ein Fundi (oben), die Mutter „Diana“ (rechts).

Mit Schrecken stelle ich fest, daß es nur vier Fundis sind, einer fehlt! Es ist das Gepardenmädchen, das ich Thea taufte. Nyangusi lüftet ein trauriges Geheimnis, von dem er bis zuletzt hoffte, es beträfe nicht unsere Gepardenfamilie. Ein Ranger am Haupttor der Serengeti hat ihm bereits berichtet, daß eines der Gepardenkinder ums Leben gekommen ist. Wie, das weiß keiner. Wahrscheinlich wurde es durch Löwen oder Hyänen getötet. Diese Beutegreifer dulden keine Konkurrenz neben sich. Bis zum Alter von etwa vier Monaten verstecken sich die jungen Geparde bei Gefahr im hohen Gras, statt zu flüchten. Sie vertrauen wohl oder übel auf die Tarnwirkung ihres Fells. Einmal traf ich eine andere Gepardenmutter im Süden der Serengeti mit fünf, rund zwei Monate alten Jungen. Als ich einige Tage danach die Stelle passierte, waren alle fünf tot. Eine Löwin hatte den Geruch der Familie in die Nase bekommen und nicht eher geruht, bis sie die Gepardenkinder gefunden hatte. Sie tötete die kleinen Geschöpfe und ließ sie einfach liegen. Löwen fressen generell die getöteten Nahrungskonkurrenten mit dem gefleckten Fell nicht.

Wenn die Geparde dann älter werden, suchen sie ihr Heil in der Flucht. Sie stieben in alle Himmelsrichtungen auseinander. Dabei passiert es nicht selten, daß sich einer verirrt. Findet er nicht bald zurück oder wird von der Mutter gefunden, ist er eine sichere Beute des Angreifers oder er muß verhungern.

Ich bin traurig über den Verlust und schaue dennoch erfreut den putzmunteren, gierig fressenden Raubkätzchen zu. Die Gazelle ist klein, der Magen der Geparde hingegen größer geworden. Binnen kurzer Zeit ist das Mahl vertilgt. Man sieht den Gesichtern den Wunsch nach mehr an. Die gewöhnliche Ruhepause dauert ein paar Minuten, dann zieht der Familientroß auch schon von dannen. Die Mutter ist längst nicht mehr die alleinige Anführerin. Die Katzenkinder imitieren sie in allen Belangen. Aufmerksam, mit der Anmut eleganter Katzen, ziehen sie durch die Ebene. Raschelt es irgendwo, stellen sie die Ohren auf und erstarren wie zu einer Salzsäule. Ab und zu beschnüffeln sie Mauselöcher, verschwinden fast vollständig in dem Eingang eines Fuchsbaues oder beobachten unbeholfen – aber selbstverständlich in feinster Gepardenmanier – das endlose Grasland. Die Mutter ist wie gewohnt äußerst konzentriert. Gelegentlich wirft sie ihrem Nachwuchs einen prüfenden Blick zu.

▲ **Szenen des ersten Jagdversuchs ...**

Erste Jagdversuche

Ein Fundi hat wohl etwas entdeckt, das ihn ganz in seinen Bann zieht. Er schnüffelt aufgeregt und sieht dabei richtig erwachsen aus. Vor uns schleicht er am Auto vorbei, ein Jäger auf leisen Sohlen. So sehr wir uns auch anstrengen, können wir immer noch nicht erkennen, was ihn so interessiert. Ein zweites Mal nehmen wir die Fläche linker Hand unter die Lupe. Nichts! Der Fundi hingegen scheint sich seiner Sache sicher. Ein paar hastige Schritte, ein beachtlicher Satz nach vorn und – schwupp – kommt eine neugeborene Thomsongazelle zum Vorschein. Es ist kaum zu glauben. Das Tier, das mit beachtlicher Geschwindigkeit über die Ebene huscht, ist gerade einmal einige Stunden alt. Das Fell ist teilweise noch naß von der Geburt. Die vier Gepardenkinder haben alle Mühe, dem panisch flüchtenden Tier zu folgen. Schließlich, wie im Spiel, drückt einer der Fundis die Gazelle mit einer Vordertatze nieder, gleitet über deren Rücken und beißt so heftig es die noch kurzen Zähne bereits erlauben, im Genick zu. Die kleine Gazelle stürzt immerhin zu Boden, der Jungjäger purzelt über sie hinüber. Bis er im Gras landet, haben seine Geschwister das Beutetier

bereits umzingelt. Sie betatschen die ängstlich schreiende Gazelle mit ihren Tatzen. Ich erinnere mich an ihre scharfen Krallen, die ich manchmal beim Spielen zu spüren bekam.

Die Gepardin trottet ihren Kindern gemächlich hinterher. Sie läßt sie gewähren. Letztendlich weiß sie ganz genau, daß dieses neugeborene Wesen nicht die geringste Chance hat zu entkommen. Die Gepardenkinder hauen jetzt kräftiger auf die Gazelle ein. Es erscheint wie eine Aufforderung: „Spiel weiter mit uns." Ein tödliches Spiel. Mit weit aufgerissenen Augen liegt das Tier da. Es sind die ersten und zugleich letzten Eindrücke eines kurzen Lebens. Der Körper zittert erbärmlich. Heftige Zuckungen, als wollte sie ihre Feinde abschütteln. Letztlich bestimmt sie der Drang zu überleben. Eine Unaufmerksamkeit der Geparde, sie schnellt hoch. Die dünnen Beine verfügen bereits über erstaunliche Kräfte. Weiter geht die Jagd über gut und gerne 50 Meter, dann landet die Gazelle erneut im Schwitzkasten der Fundis. Das grausige Spiel wiederholt sich neun- bis zehnmal. Die Jagddistanzen werden immer kürzer. Endlich packt eines der

▲ ▶ **„Mist, wieder entwischt“.**

Gepardenkinder beherzt im Genick zu. Es würgt so lange, bis die Schreie der Thomsongazelle verstummen. Unterdessen haben die Geschwister bereits die Bauchdecke aufgerissen und schlingen das Tier, das bestenfalls Dessert sein kann, in sich hinein. Für die Mutter – geschweige denn für die herbeifliegenden Geier – bleibt nichts übrig. Nach zehn Minuten ist die Gazelle verschwunden, ebenso wie die Sonne. Es wird nun schnell dunkel und so beeilt sich die Mutter, einen Schlafplatz zu finden.

Wäre ich nur ein Gepard ...

24. August – als ich um 4.30 Uhr aus dem Zelt krieche, ist der Himmel sternenklar. Mit wenigen Handgriffen stellt der Koch ein Frühstück zusammen. Mir ist nicht nach Essen zumute, und so würge ich im Schnellverfahren ein paar Marmeladenbrote und Früchte in mich hinein. Zehn Minuten später sind wir auf der Piste. 50 Kilometer raus aus der Baumsteppe, rein in das endlose Grasmeer, das der Serengeti ihren Namen gab. Wir finden trotz anhaltender Dunkelheit unsere Markierung am Wegesrand, die wir am Abend zuvor angebracht hatten, um in dem orientierungslosen Gelände die Gepardenfamilie wiederzufinden. Die Fahrt querfeldein über die Steppe wird zur Tortur. Damit wir die Katzen nicht erschrecken, haben wir das Autolicht ausge-

schaltet. Obwohl endlich ein fahler Lichtstrahl am Horizont auszumachen ist, fällt es uns schwer, den zahlreichen Hyänenlöchern, Fuchs- und Kaninchenbauten auszuweichen. Gelegentlich sitzen wir fast auf. Wir retten uns mit einem beherzten Tritt auf das Gaspedal, das Auto springt auf und unsere Innereien dazu. Der Durchfall läßt grüßen. Die Ankunft am vermeintlichen Schlafplatz der Gepardenfamilie ist enttäuschend. Niemand ist da, alles wie leergefegt. Wir beginnen kreisförmig zu suchen. Erst als unsere Kreise einen beträchtlichen Durchmesser erreichen, können wir sie mit Hilfe des Fernglases ausmachen. Die Geparde haben noch geschlafen und ihr gepunktetes Fell tarnt sie hervorragend im hohen, verdorrten Gras der Trockenzeit. Im Schrittempo fahren wir näher, immer näher, und sind froh, daß es den Katzen nichts ausmacht. Ganz im Gegenteil, sie bringen uns allerhand Spielwitz entgegen. Der erfolgreiche Jagdtag gestern sorgt für eine entspannte Atmosphäre, die ich nutzen will. Ich habe den Eindruck, es ist in Ordnung, das Auto bereits heute zu verlassen, um mit den gut aufgelegten „Fundis“ zu spielen. Ganz offen steige ich aus, sinke langsam auf alle Viere und krabbele von dem Blechkasten auf Rädern weg. Sogleich umrunden mich die Katzen vorsichtig. Sie schnüffeln intensiv, verziehen manchmal ihr Gesicht und kommen näher. Ich schnurre sie an und das vertraute Geräusch scheint ihnen Mut zu machen. Es tut gut, nach drei Wochen so schnell wieder im Familienverband aufgenommen zu werden. Ich werde sozusagen im Schnelldurchgang untersucht. Zwei Fundis beschnüffeln von vorn mein

►► **Nächste Doppelseite:**

Die Nacht ...
... der kommende Morgen.
Bilder, die für sich sprechen.

► ► Bäume sind in der Grassteppe Mangelware. Umso reizvoller ist es, sie als seltenes Spielgerät zu nutzen.

▼ ► Auf allen Vieren durch die Serengeti ...

Fotoobjektiv. Es ist dasselbe, sie erkennen es wieder, und sie gurren zufrieden vor sich hin. Ein Gepardenkind betatscht von hinten kräftig meine Schuhe und beißt einmal fest hinein. Okay! Ein Fundi haut mit der Tatze mit aller Kraft auf meinen Rücken. Trotz dicker Kleidung spüre ich jede Kralle: „Willkommen Zuhause, Kumpel."

Nyangusi hat auch das Fahrzeug verlassen. Er hat von mir den Auftrag bekommen, „Familienfotos" zu schießen. Vor lauter Aufregung hat er wieder einmal vergessen, die Fahrertür zu schließen. Diese Gelegenheit nutzt eine zweiköpfige Gesandtschaft der Katzenpolizei zur Inspektion. Einer sitzt auf dem Fahrersitz, der andere checkt im Fußraum alle Pedale. Dann kommt der Fahrersitz-Beißtest. Die Bezüge sind neu. Später stellen wir fest: der Sitzbezug ist hin. Es reicht gerade für ein paar Fotos, dann springen die zwei „Polizisten" aus dem Auto. Es kracht und scheppert. Ein Gepard versucht auf die Motorhaube zu springen. Mit der Vordertatze stützt er sich oben ab, mit den Hintertatzen sucht er Halt.

▲ **„Wie ein Großer!"** ▼ **Die Gepardenmutter.**

Die scharfen Krallen zerkratzen den Lack. Es quietscht entsetzlich. Am Ende rutscht er ab und purzelt ins Gras. Der Fundi schnieft intensiv. Es klingt wie ein Fluch: „Scheiß Karre!"

Die Gepardenkinder haben ihren Spielplatz wieder, doch die Gepardin fordert sie auf, ihr zu folgen. Sie ruft. Die feine piepsende Stimme paßt ganz und gar nicht zu ihrer stattlichen Erscheinung. Der Familienverband zieht los, ich folge so gut es geht auf allen Vieren. Ab und zu gönnt mir die Gepardin eine Pause, und zwar immer dann, wenn sie auf einen der kleinen Hügel steigt, um das Gelände genauestens abzusuchen. Die Fundis nutzen diese Verschnaufpausen zum Spielen. Ich halte einige Szenen fotografisch fest – und weiter geht die Reise. Nyangusi folgt uns im Land Rover. Ihm bietet sich ein lustiges Bild. Für mich ist die Angelegenheit weniger zum Lachen. Mir schmerzen die Knie fürchterlich. Außerdem schindet das scharfkantige Gras meine Hände.

Oh, wäre ich doch ein Gepard!

So kommt es mir gelegen, daß die Mittagssonne die eleganten Katzen schließlich zum Einhalten zwingt. Bei großer Hitze vermeiden es die Geparde zu wandern. Der Energieverbrauch wäre zu hoch. Deshalb sucht die Gepardin einen Platz mit hohem Gras, dem einzigen Schattenspender mit halbwegs guter Aussicht in der unendlichen Steppe. Die Fundis sind allerdings der Meinung, daß das Gras nicht ausreichend Sonnenschutz bietet. Sie ziehen es vor, unter unserem Auto auszuruhen. Einer nach dem anderen kommt herbeigetrottet. Es wird kurz laut. Offensichtlich streitet man um den besten Platz.

Unterdessen habe ich mich auch ins Fahrzeug zurückgezogen. Ich will mich dem Tagesrhythmus der Geparde anpassen und haue mich aufs

Wanderzeit mit Pausen für alle.

Der behutsame Umgang mit den Energiereserven des Körpers bestimmt letztendlich den Erfolg der grazilen Katzen. Der Gepard lebt in einem tagsüber heißen, nachts kühlen, weitgehend schattenlosen Land. Er hat außerdem eine aufwendige Jagdmethode und einen überaus schnellen Stoffwechsel. So sind die Katzen überwiegend am Morgen und am Abend oder während der schattigen Tageszeiten aktiv. In der Mittagshitze wird in der Regel geruht.

Die Energieprobleme der Geparden könnten bei steigendem Tourismus zu einer ernsthaften Bedrohung für die Population werden. Häufig fahren Autos mit viel zu hoher Geschwindigkeit an Geparde heran. Nicht selten verlassen diese dann ihren schattigen Ruheplatz und wandern durch die Mittagshitze. Noch schlimmer ist, wenn so eine Jagd vereitelt wird. Die Katzen sind bei der Jagd Störungen gegenüber besonders empfindlich und brechen sie ab oder werden irritiert, sodaß der Erfolg ausbleibt. Die verlorene Energie kann bedrohliche Auswirkungen haben, z. B. für vorhandene Junge. Ich selbst bemühe mich daher, niemals besonders nahe bei Jagden dabei zu sein, auch wenn mir dadurch so mancher fotografische Höhepunkt vorenthalten bleibt.

Ohr. Ich schlafe den Katzenschlaf, und darum entgeht es mir nicht, daß die Mutter immer wieder versucht zu jagen. Es kommt jedoch nur zu einem ernsthaften Versuch, der auch prompt in die Hose geht. Die Gazellen haben die Gepardin viel zu früh erkannt, die Jagddistanz ist aussichtslos. So beläßt es die gepunktete Jägerin bei einem kurzen Anjagen. Das Gelände ist momentan nicht optimal für Geparde. Das Gras ist zu kurz, außerdem sind viele Areale abgebrannt und bieten keinerlei Deckung. Auch am Abend scheint sie sich dieses Problems nicht entledigen zu können, obwohl sie wandert und wandert und ihre vier Sprößlinge ihr nur unwillig folgen.

▲ Die Mutter hat die Dämmerung genutzt, um im deckungslosen Gelände zum Jagderfolg zu kommen.

Wir sind verblüfft, als die Gepardin unerwartet nach Sonnenuntergang doch noch zu einem Jagderfolg kommt. Offenbar hat die Dunkelheit die fehlende Deckung ausgeglichen. Jedenfalls hat die Katze bereits das Leben einer Thomsongazelle jäh beendet, bis wir und ihr Nachwuchs eintreffen.

Wir beschließen die Familie für heute zu verlassen. Man kann keine 50 Meter weit mehr sehen. Außerdem wollen wir sie nicht stören. Es wird höchste Zeit für die Katzen, wieder Energie aufzutanken. Sie müssen die kurze Zeit bis zur vollständigen Dunkelheit nutzen, um das Mahl zu beenden. Der Schlafplatz sollte schließlich möglichst weit von den Futterresten entfernt sein. Andernfalls ist die Gefahr, des Nachts von Hyänen überfallen zu werden, zu groß. Eine tödliche Bedrohung, welche die Mutter vermeiden wird. Letztlich ist dies der Grund, weshalb wir am nächsten Morgen eine gute halbe Stunde suchen, bis wir die sichtlich zufriedenen Katzen wiederfinden. Welch ein Glück, daß sie auf einen kleinen Hügel gestiegen sind, wo wir sie schließlich entdecken. Die in der Nacht eingeschlagene Richtung hätten wir nie erraten.

▼ **Spielereien: „Titan“ und „Hans“.**

Die Gepardenkinder haben einige Felsen zu ihrem Spielplatz erkoren. Wir fahren zu ihnen und ich „steige in den Ring“. Die Fundis spielen ausgelassen. Sie jagen sich gegenseitig, üben Genickgriffe, um sich sogleich wieder zu kosen. Ich hingegen werde wenig beachtet, oder zumindest merke ich es kaum. Das Fotografieren nimmt mich ganz in Anspruch. Was um mich herum passiert, kommentiert Nyangusi: Da schleicht einer von hinten heran. Einer beschnüffelt die Aufnäher an meiner Jacke. Und immer, wenn ich sie anschaue, weichen sie irritiert zurück: Erwischt!

Die Mutter hat sich zurückgezogen. Sie schaut zeitweilig zu uns herüber und wundert sich über den Homo sapiens, der sich mit ihren Sprößlingen im Vulkanstaub der Serengeti wälzt. Die einstmals grünen Kleider sind mittlerweile eher braunschwarz. Wenn ich mich heftig bewege, geht eine Staubwolke von mir aus. „Tschi“! „Gesundheit“! Der Fundi neben mir niest, weil ich mich zu schnell gedreht habe. Das Gepardenfell wird augenscheinlich besser mit dem Staub fertig.

▼ **Wenn die Fundis zu wild spielen, dann scheidet schon mal einer beleidigt aus.**

Ich nehme die Spieltorturen als Preis für gute Fotografien auf mich. Erst die zunehmend brennende Sonne scheucht mich ins Auto, wo mich der frischgebackene Fotograf Nyangusi freudig erwartet. Er hat den Rucksack mit den Filmen ordentlich leichter gemacht. Die vierzehn vollen Filme liegen feinsortiert auf meinem Sitz.

Die Geparde beenden ihr lustiges Treiben. Das Zeremoniell von gestern wiederholt sich. Erst sitzen die Geparde hechelnd vor Hitze auf dem Felsen. Sie sehen so aus wie kleine, zahnlose, ungekämmte Unholde. Das erste Gepardenkind sucht Schutz unter dem Auto, die anderen folgen hurtig. Mutter indes zieht den Halbschatten im hohen Gras vor. So vergeht der Tag. Erst spät am Abend, als die Sonne bereits sanft den Horizont berührt, sucht die Gepardin einen Schlafplatz. Ihre Suche wird für uns zu einer Sightseeing-Tour durch das kleinteilige Gebiet der Simba Kopjes. Einige Male steht mir die Familie dabei auf Felsen in der untergehenden Sonne Modell.

Zu dem Zeitpunkt da wir unsere Geparde verlassen, sind sie immer noch auf Wanderschaft, aber für uns wird es höchste Zeit. Die Fahrt über die

Steppe wird wieder einmal zum Horrortrip für Fahrzeug nebst Inhalt. Aus Rücksicht vor den Tieren können wir kein Licht einschalten und kosten die zahlreichen Löcher auf unserem Weg zwangsläufig in vollen Zügen aus. Das Abendessen vergeht uns beinahe. Nichtsdestotrotz – das Zusammenleben mit den schnellen Serengetibewohnern ist uns heiliger als unsere Gesundheit.

▲ Spielende Gepardenkinder aus der Froschperspektive.

Hungrige Zeiten

Am nächsten Morgen sind wir um sechs Uhr im Grasland der Simba Kopjes. Unsere verspätete Rückkehr am Abend zuvor hat sich gelohnt. Die Katzen sind schnurstracksgerade ins nächstliegende hohe Gras gegangen, um sich zur Ruhe zu legen. Ich genieße im Kreise der Familie den Sonnenaufgang. Ein riesiger roter Ball hebt sich über den Horizont und durchdringt feinstrukturierte Stratuswolken. Fast hat man den Eindruck, als würde ein roter Heißluftballon aufsteigen, dessen Form durch die Luftspiegelungen der tropischen Hitze verschwimmt.

▶ ▶ Nächste Doppelseite:

Das Auge einer Jägerin. Ein Fundi im Alter von fünf Monaten.

Ich beschäftige mich heute fotografisch mit der Gepardin, versuche die herrlichen Augen im morgendlichen Licht festzuhalten. Überhaupt wundert mich, wie selbstverständlich sie mich akzeptiert. War sie es doch, die mir beim ersten Zusammentreffen mit der Familie am meisten Mißtrauen entgegenbrachte. In mir brennt die Frage, ob ihr Neugierdeverhalten, das am Ende meiner letzten Serengetireise in einer genauen Untersuchung meiner Person und direkter körperlicher Berührung gipfelte, schließlich zu einer bedingungslosen Anerkennung als Familienmitglied geführt hat. Jedenfalls habe ich diesmal freie Hand. Sie zeigt keinerlei Angst, registriert mich lediglich mit freundlichen Blicken und wenn sie jagen geht, läßt sie einfach ihre Jungen bei mir zurück.

Ich sitze einen Meter vor der Gepardin. Diese sucht den Horizont nach Beutetieren ab. Durch die Kameralinse beobachte ich ihre Blicke. Wenn sie anfixiert, zieht sie ihre Augenbrauen leicht nach unten. Der Ausdruck ist starr, messerscharf, fast, als ob sie alle Hindernisse der Landschaft durchdringen könnte. Das sich in den Augen widerspiegelnde Bild wirkt komprimiert, eine feingegliederte Märchenlandschaft. Es wirft die Frage auf, wie die Gepardin ihre Umwelt wahrnimmt. Was die Sehkraft angeht, schlägt sie uns auf jeden Fall inklusive technischer Hilfsmittel – wie beispielsweise ein Fernglas – bei weitem. Die Gepardin beendet die Fotosession auf ihre Weise. Sie hat nichts entdeckt, muß also weitersuchen. Ihr folgen vier ausgelassen spielende Gepardenkinder und ein Zweibeiner, der auf allen Vieren hinterherkriecht, eben so lange ihn die besagten Viere tragen.

Kaum bin ich ins Auto zurückgekehrt, gibt es eine Kaninchenjagd zu bewundern. Der kleine Nager hat zu kurze Beine. Außerdem findet er in der Eile seinen Bau nicht. So ist es um ihn geschehen. Feine Fellstückchen, leicht wie Federn, treibt der Wind vor sich hin. Sie verlieren sich in der Steppe.

▼„Titan“. Die Geparde sind stets neugierig.

Lange Zeit scheint das Kaninchen das einzige Mahl zu sein, das die Geparde heute zwischen die Zähne bekommen. Zwar gibt es in den Gebieten um die Kopjes viele Gazellen, dafür aber wenig Deckung. In keinem Fall gelingt es der Jägerin, nahe genug an das Beutetier zu kommen. Mir kommen gar Zweifel, daß sie lange Zeit innerhalb der überwiegend abgebrannten Territorien überleben können. Am Abend muß immerhin ein anderes Kaninchen als Abendessen herhalten. Die Begegnung ist eher zufällig. Die Gepardin hatte den Nager gar nicht wahrgenommen. Eines der Jungen ist es schließlich, das beinahe über das Karnickel stolpert. Die ganze Meute stürzt hinterher und siehe da, die Gepardenkinder haben ihren zweiten eigenen Jagderfolg unter Dach und

◄ **Die Gepardenmutter nimmt ihren Jungen das erlegte Kaninchen weg.**

Fach. Das Mahl artet in einer großen Streiterei aus. Selbst die Mutter mischt kräftig mit. Die zahlreichen erfolglosen Jagden haben doch viel Energie gekostet. Da ist auch ein noch so unscheinbarer Happen willkommen. Die Dunkelheit zwingt uns mal wieder, die Familie zu verlassen, bevor sie ihren endgültigen Schlafplatz gefunden hat.

Jäger und Gejagte

Als wir am Morgen des 28. August in die Steppe fahren, wissen wir ganz genau: Heute muß die Gepardin Beute zur Strecke bringen, wenn sie ernsthafte Ernährungsprobleme vermeiden will. Dementsprechend konzentriert beginnt sie auch den Tag. Eine halbe Stunde vergeht, ehe sie schließlich aufbricht. Mit ihren scharfen Augen durchkämmt sie systematisch das Gelände, unbeirrt vom lebhaften Spiel der Fundis. Fast erweckt es den Ein-

In seiner Phylogenese (stammesgeschichtliche Entwicklung) hat der Gepard ein erfolgreiches Energieoptimierungskonzept entwickelt:
1. Primäre Deckung des Energiebedarfs der Jägerin und 2. Vermeidung von Energieverschwendung.
Im durch Steppenbrände ungünstig gewordenen Gelände, kommt es mehrfach zu Versorgungsengpässen. An zwei aufeinanderfolgenden Tagen werden schließlich drei Kaninchen gejagt. Nach mehreren erfolglosen Jagden scheinen die Energiereserven der Gepardin abgenommen zu haben. Der Hunger senkt die Hemmschwelle zur Aggression. Die Mutter nimmt in einem Fall den Jungen das Kaninchen weg, in den beiden anderen Fällen sichert sie sich einen großen Teil der Beute, obwohl eines der Kaninchen vom Nachwuchs selbst erjagt wurde!
Es liegt auf der Hand: die Jägerin ist für den Erfolg der Familie unentbehrlich. Später dreht sich dieses Prinzip um. Ich konnte bei einer anderen Familie beobachten, daß sich drei fast erwachsene Jungtiere durch deutliche Aggression den überwiegenden Teil eines jungen Warzenschweines sicherten. Die primäre Versorgung des Nachwuchses ist in diesem Stadium der Erhaltung der Art zuträglicher.

▲ ▶ ▼ **„Diana" erbeutet ein Kaninchen: Der Körper der Geparde ist ganz auf die schnelle Fortbewegung eingestellt. Er ist locker-geschmeidig gebaut. Die langen Extremitäten bilden regelrechte Hebelketten, wobei sich die Winkelausschläge in den hintereinandergeschalteten Gelenken addieren. Die Wirbelsäule ist extrem mobil. Im schnellen Lauf kann die grazile Katze die Hinterfüße vor die Vorderfüße setzen.**

druck, sie würde zunächst ihre Jagdchancen ausrechnen, um danach eine Entscheidung zu treffen. Die Auswahl ist groß. Man könnte fast sagen, die Familie ist von Gazellen umzingelt. Endlich läuft die Gepardin los. Butterweich gleitet sie über die Ebene. Die Kinder trotten gut 50 Meter hinter ihr her. So ist gewährleistet, daß die Jägerin sich problemlos an Beutetiere anschleichen kann. Die jungen Geparde halten sich dann sofort zurück, sitzen starr da und beobachten aus der Entfernung.

Unvermutet beschleunigt die Gepardin. Wir stutzen zunächst, bis wir ein Kaninchen sehen, das direkt auf unser Fahrzeug zustürmt. Es schlägt einen Haken, den die pfeilschnelle Katze mit einer eleganten Kurve nachvollzieht. Wo sie eben noch war, wirbelt Staub. Ich reiße die Kamera hoch, fühle mich wie im Actionkino. Plötzlich, nach Sekunden oder Sekundenbruchteilen, ist der Fotosucher zu klein. Ich sehe den Kopf der Jägerin verschwinden, gepunktetes Fell, hochschnellende Hinterbeine, Staub, endlich Jäger und Gejagter, Staub und dieser Wolke entsteigt schließlich eine gefleckte Katze mit zappelndem Kaninchen im Maul. Die Mutter läßt den strampelnden Nager noch einmal frei, damit die Fundis jagen üben können. Doch die haben keine Lust. Der Hunger ist riesengroß. Sie stürzen sich auf das Karnickel, ziehen gurrend in alle Himmelsrichtungen, so daß dem kleinen Tier binnen weniger Augenblicke das Leben vergeht. Wieder ein Opfer natürlicher Kreisläufe, lebenswichtige Energie für eine Katzenfamilie.

Der Jagdtag hat noch längst kein Ende gefunden. Zielsicher verschwindet die Gepardin in einer Buschreihe etwa 300 Meter vor uns. Auf der anderen Seite grasen gut ein Dutzend Grantgazellen. Wir beschließen, uns herauszuhalten. Auf keinen Fall wollen wir an einem jagdlichen Mißerfolg Schuld

Im Gegensatz zu den anderen Katzen mit ihren weichen, elastischen Sohlen verfügt der Gepard über harte Fußsohlen mit scharfen Rändern. Die nach dem vierten Lebensmonat nicht mehr einziehbaren Krallen dienen gewissermaßen als „Spikes" und sorgen für Trittfestigkeit und Antrittsschnelle, was bei der Jagd ungemein wichtig ist.

Die Nasenlöcher sind besonders groß, um eine bessere Atmung und Sauerstoffversorgung bei den extremen Spurts zu gewährleisten.

tragen. Außerdem haben wir das Gefühl, die eifrige Gepardenmutter möchte uns heute ganz besonders ihre Jungen anvertrauen. Seit gestern streunen nämlich mehrere Hyänen um die Kopjes. Wehe, wenn die jungen Geparde in ihre Hände oder vielmehr ihre Tatzen fallen.

Die Fundis haben verstanden. Sie versuchen erst gar nicht, der Mutter zu folgen. Sie schwenken nach links und verschwinden geradewegs unter dem Land Rover. Als ich die Tür öffne und nach unten schaue, sind sie bereits eingeschlafen. Wir erkennen unsererseits den Vorteil der Ruhe. Den drückend heißen Tag verdösen wir einfach.

Sobald wir nach Stunden wieder zu uns kommen, steht wie eine Erscheinung die Gepardin vor uns. Aus 50 Metern Entfernung ruft sie nach den Kleinen. Diese krabbeln unter dem Auto hervor, stellen ihre stetig wachsenden Stummelzähne gähnend zur Schau und strecken sich. Dann beginnt einer nach dem anderen zu schniefen. Die Mutter ruft wieder, sie wird ungeduldig. Offenbar erreicht der Duft einer frischgetöteten Beute die hochgereckten Nasen. Sie können zwar nicht so schnell laufen wie eine ausgewachsene Gepardin, aber in bestimmten Fällen immerhin fast so schnell. Eine halbe Minute später ranken und zanken sich heißhungrige Katzen um Anteile an einer halbwüchsigen Grantgazelle.

Die große Trockenzeit, die in der Serengeti üblicherweise von Juni bis Oktober dauert, hält nicht, was sie verspricht. Es beginnt heftig zu regnen. Die Regentropfen übertönen sogar das Schmatzen der hektisch fressenden Geparde. Eigentlich ist die Nahrungsaufnahme der eleganten Katzen ein Wettlauf mit der Zeit. Allzuoft wird das Mahl durch vom Duft angelockte Hyänen jäh beendet. So auch am heutigen Tag. Zwei Hyänen erscheinen auf einer sanften Anhöhe. Sie kommen zielstrebig näher. Die aufmerksame Gepardin hat sie sofort erspäht. Glücklicherweise haben die Fundis sich schon sichtbar die Bäuche vollgeschlagen. Schnell ein paar letzte Happen, dann traben die Geparde hastig davon. Erst als sie ganz sicher sind, daß die Gefahr weit genug entfernt ist, gönnen sie sich eine Pause.

► „Diana“
Ölgemälde auf Leinwand
90 x 120 cm

Der Regen läßt nach. Die Geparde haben nun endlich Zeit, ihre Kleckermäuler zu putzen. Binnen weniger Minuten sind alle Anzeichen des Mahles verschwunden. Jetzt beginnen sie, ihr Fell zu trocknen. Zuallererst ist der Rücken der Mutter dran. Eifrig arbeiten die kleinen Zungen, sorgsam, damit auch keine Stelle vergessen wird. Schließlich wird die Trocknungsaktion richtig rationell. Jeder trocknet jeden, ein kompliziertes Geflecht aus gepunkteten Katzen. Die Fellpunkte verschwimmen zu einer Einheit. Das Licht schwindet heute rasch.

Auch Geparden haben Feinde

▲ ▼ **Sobald Regen einsetzt, bildet die Gepardenfamilie ein regelrechtes Knäuel, in dem jeder jedem das Wasser aus dem Fell leckt. Diese „Konstruktion“ hat zusätzlich den Vorteil, daß dem Regen verhältnismäßig wenig Angriffsfläche geboten wird. Dieses Verhalten konnte ich auch beobachten, als es in der Nacht regnete.**

Der 29. August ist sozusagen ein Wandertag. Die Familie ist gut gelaunt. Doch die Stimmung schlägt um, sobald eine Löwin die Freilichtbühne der westlichen Simba Kopjes betritt. Die Geparde reagieren instinktiv. Plumps – sie liegen ganz flach da, unsichtbar für die große massige Katze, die mit ihren kleineren schwarzgefleckten Verwandten eben ganz und gar nicht auskommt. Bisweilen richtet sich die Gepardenmutter auf. Sie sitzt in sich zusammengekauert, beobachtet ängstlich. Ihr Kopf hängt tief, die Schulterblätter ragen weit heraus.

Die Löwin legt sich hin, trottet weiter, sitzt, trottet weiter ... Alles dauert eine kleine Ewigkeit. Am Ende beschäftigt sie sich mit der Gruppe Gazellen, die ja eigentlich für Geparde reserviert sind. Immerhin bewegt sie sich auf diese Art und Weise in die entgegengesetzte Richtung.

Die Gepardin nutzt die Gelegenheit. Sie führt ihre Sprößlinge aus der Gefahrenzone. Die Ganztageswanderung beginnt ... Am Spätnachmittag entdeckt die Mutter eine Thomsongazelle. Sie ist endlich wieder die Alte. In der offenen Steppe hat die kleine Antilope keine Chance.

▲ ▼ Die Gepardenfamilie will mich zunächst nicht so recht an der Beute akzeptieren. „Attila“ (oben) schaut böse drein und faucht. Ich erwidere sein Verhalten und wir einigen uns schließlich darauf, auch während der Mahlzeiten eine Familie zu sein.

Ich beschließe, eine hungrige Katze zu mimen. Auf allen Vieren krabbele ich zu der Beute, die von „gierigen Bestien“ umrundet ist. Man will mich diesmal nicht so richtig akzeptieren. Ein Fundi dreht sich barsch um, zeigt seine Zähne und rollt die Augen. Er versucht bösartig auszusehen, und da sein Mäulchen bereits richtig blutverschmiert ist, gelingt es ihm beinahe. Ich halte dagegen. Ich ziehe die Augenbrauen gefährlich weit nach unten und fauche. Mein „Raubtiergebiß“ kommt zum Vorschein. Der kleine Gepard läßt frustriert seinen Kopf hängen. Er schluckt und frißt gierig weiter.

▲ **Ein prächtiger Löwenmann wartet auf die hereinbrechende Nacht.**

Für die Mutter ist es kein Thema. Ich bin Mitglied der Familie und, weil ich nicht mitesse, sondern nur fotografiere, noch dazu ein eher angenehmes. Die wilden Essensgeräusche der Familie faszinieren mich. Ungezwungen verschlingt jeder, was er erwischen kann. Mittlerweile bin ich auf gut zwei Meter herangekrochen. Ich halte diesen Abstand ein, denn der Geruch ist nichts für menschliche Geparde. Außerdem möchte ich akzeptieren, daß die jungen Katzen mit zunehmendem Alter auch über ein entsprechendes Aggressionspotential verfügen, das letztendlich beiden Seiten gefährlich werden kann. Erst als die Geparde wirklich nicht mehr fressen können, taucht eine Hyäne auf. Das gestrige Spiel wiederholt sich. Auch dieser Tag endet im heftigen Regen.

Wieder auf der Suche

► **Eine Löwin im Baum – eine absolute Rarität in der Serengeti. Die Löwen der Serengeti bevorzugen in der Regel Kopjes als Ruheplatz. Dort finden sie leichter Schatten und oftmals ist der Steppenwind hoch oben ein natürlicher Ventilator. Wo Kopjes fehlen, steigen die Löwen eben auf Bäume. In den vielen Wochen, in denen ich mich bis dato in der Serengeti aufhielt, traf ich aber nur einmal „Baumlöwen".**

Wir werden ungeduldig. Seit einer Stunde suchen wir nach der Familie. Dabei haben wir sie gestern erst besonders spät verlassen. Sind sie etwa in der Nacht gewandert? In immer kürzer werdenden Abständen nimmt Nyangusi das Fernglas hoch. Ich halte die Luft an und warte auf die befreienden Worte. „Wieder nichts", seine Stimme klingt besorgt. Grund zur Sorge haben wir allemal, wie sich zeigt. In der Nacht ist eine Löwin – wohl dieselbe wie gestern – just rund 100 Meter an den vermuteten Schlafplatz der Familie „Fleckenfell" herangekommen. Die gefährliche Katze liegt jetzt hoch oben auf einem Kopje und genießt sichtlich die ersten Sonnenstrah-

◀ **Junger Löwenmann ruht sich auf einem Baum aus.**

▶ **Wenn die Gepardenfamilie Kopjes passiert, tut sie gut daran, genaustens nach Löwen Ausschau zu halten.**

Löwen dulden keine fleischfressende Konkurrenz neben sich. Zwar ist es den eher schwerfälligen Katzen nicht möglich, den ungleich wendigeren und schnelleren erwachsenen Gepard zu jagen, dagegen sind die Jungen in den ersten Monaten um so mehr bedroht. Bis zum Alter von sechs Wochen schützen sich die Geparden strikt durch Verstecken. Dies hat den Nachteil, daß meist der gesamte Wurf von einem Löwen getötet wird, sofern er eines der Jungen erst einmal entdeckt hat. Der Löwe tötet allerdings nur und frißt die Gepardenbabies nicht auf.

Später sind die Jungen bereits in der Lage zu flüchten. Indem sie in verschiedenen Himmelsrichtungen zu entkommen versuchen, reduziert sich die Gefahr für die Familie.

Waffen des Geparden sind seine Schnelligkeit, seine Aufmerksamkeit, gute Geländeübersicht und die hervorragende Tarnung des Fells. Offensichtlich ist es so, daß diese Eigenschaften in der Steppe auf lange Sicht erfolgreicher waren, als die Fähigkeit, sich gegen größere und stärkere Karnivoren zu verteidigen. Eine Gepardin, die ihren gesamten Wurf verliert, ist übrigens nach acht Tagen wieder empfängnisfähig, da die Stimulans der säugenden Kleinen fehlt.

◀ **Löwen fressen durchschnittlich nur einmal pro Woche, dann allerdings gewaltig. Dem Kleinen hier scheint es jedenfalls nicht sehr gut zu gehen.**

◀ Zum Abschied von den Simba Kopjes posiert „Attila“ für mich, als das fotografierende Familienmitglied. Für eine Weile muß ich jetzt auf die zauberhaften Felskulissen als Motiv verzichten.

▼ In der Nacht hat es geregnet. In einigen Rinnen und Aushöhlungen der Felsen hat sich Wasser gesammelt. Ein Abschiedsdrink für die Gepardenfamilie.

len. Ihr Anblick ist für uns ein Schock. Hat die Löwin die Familie in der Nacht überfallen? Bisher haben wir zum Glück keinerlei Anzeichen davon feststellen können.

Wir halten das Auto an und beraten uns zuallererst. Nach langem hin und her entscheiden wir uns schließlich für die Richtung, die uns einvernehmlich am wahrscheinlichsten vorkommt. Im Schritttempo rollen wir vorwärts, 50 Meter, Nyangusi sucht mit dem Fernglas, ich indes durchbohre mit meinen Augen jedes Hindernis. Nichts, wir fahren weiter.

Das Tachometer zeigt an, daß wir bereits drei Kilometer gefahren sind. Wir zweifeln an der eingeschlagenen Richtung, unsere Bedenken mehren sich. Wieder nimmt mein Begleiter sein Fernglas zu Hilfe. Wir hören auf zu atmen. Nyangusi stockt. „Sie sind da!“ ruft er und zeigt nach vorn. Aus meiner Lunge entweichen mit einem Mal zehn Liter Luft. Ich bemerke, daß ich bereits zu so früher Morgenstunde geschwitzt habe. Mit der nötigen Vorsicht eilen wir herbei. Gleichzeitig zählen wir die Fundis: „Vier“ – „Ine“, wie aus einem Mund, jeder in seiner Sprache.

Die Gepardin ist gerade dabei, ihre Jungen aus dem Gebiet der Simba Kopjes zu führen. Die so wunderschönen Landschaften dort sind mittlerweile für Geparde zu gefährlich geworden. In den nächsten Tagen zeigt uns die Katze das orientierungslose Grasmeer der Serengeti. Sanfte Hügel, halbhohes, manchmal hohes Gras bis weit über den Horizont hinaus. Wenn der Wind über die Ebene weht, beginnt das Gras zu fließen, die Anhöhen werden zu Wellen, in denen man sich verliert wie in einem unendlichen Ozean. Hie und da dient ein vereinzelter Busch als Orientierungshilfe. Die Gepardin hat dieses Problem keineswegs. Sie folgt unentwegt den Gazellen, egal ob nach Osten, Norden, Süden oder Westen. Die Fundis trotten hinterher. Sie ragen kaum über die Grashalme hinaus. Meist blinzeln sie mit den Augen oder verziehen ihr Gesicht, sobald ihnen ein Grashalm entgegenschlägt oder ihre Schnurrhaare berührt. Hartnäckige Grashalme werden gar mit einem beherzten Biß bestraft. Anstrengend ist es für die kleinen Geparde allemal. Deshalb legen sie sich einfach unter unser Auto, wenn die Sonne zu heiß brennt und die Beine müde werden. Die Gepardin lenkt dann gezwungenermaßen ein – Siesta.

▲ „Siesta“

◄ Die Gepardenfamilie wandert von Erdhügel zu Erdhügel. Vielleicht können sie Gazellen finden.

Es regnet in der Trockenzeit ...

Am 31. August hat die Gepardin endlich Jagdglück. Lohn der weiten Wege ist eine der größeren Grantgazellen. Das Festmahl dauert lange, zumal ein kräftiger Gewitterguß für eine längere Unterbrechung sorgt. Es regnet so heftig, daß sich binnen kurzer Zeit beträchtliche Wasserpfützen in der Steppe bilden. Die sonst so hartgesottenen Geparde liegen ein bißchen niedergeschlagen um die Beute herum, lassen den Kopf hängen und die unfreiwillige Dusche über sich ergehen. Die langen Nackenhaare der Jungen beginnen sich zu rollen und bilden feingegliederte Löckchen. Es fasziniert mich, und so wate ich auf allen Vieren durch den Schlamm, um einige voll-

▲ **Gepardenkinder mögen keinen Regen.**

◀ **Es regnet so heftig, daß sich binnen kürzester Zeit Pfützen in der Steppe bilden.**

formatige Porträts der frischgestylten Katzen einzufangen. Das Licht wird glücklicherweise besser und der Regen läßt nach. Da ich ohnehin schon aussehe wie ein frisch gesuhltes Warzenschwein, bleibe ich gleich draußen liegen und erstelle eine Fotodokumentation, wie fünf Geparde eine nicht gerade kleine Grantgazelle in ihre Bäuche verfrachten. Diese sehen am Ende aus wie kleine Luftballons.

Der folgende Tag ist turnusgemäß der Tag der Ruhe. Ich genieße einen wunderschönen Sonnenaufgang im Kreise der Familie. Der Tag ist erst heiß und sonnig, dann regnerisch, und dennoch ein Tag im Zeichen des Zaubers von Licht und Wolkenspiel. Als am Nachmittag der Himmel bedeckt ist, schläft die Familie auf einem sanften Hügel in der Prärie. Ich

Am frühen Morgen oder nach dem Regen ecken sich die Geparde gegenseitig das Tau- bzw. Regenwasser aus dem Fell. Auf diese Weise decken sie teilweise hren Flüssigkeitsbedarf, denn in den Steppen gibt es allenfalls zu den Höhe-punkten der Regenzeiten Wasserlöcher. Vermutlich hat dieses Verhalten auch eine gute Schutzfunktion. Kleine Geparde sind anfällig für Krankheiten und die Nächte der Serengeti sind oft sehr kalt. Den anderen Teil der benötigten Flüssigkeit decken Geparde, indem sie das Blut hrer Beutetiere trinken.

◄ ▲ „Liebe ist, sich gegenseitig das Wasser aus dem Fell zu lecken“

krabbele hinzu, schaue mir die schönen Gesichter an und nicke ein.

Ein kühler Windstoß weckt mich. Die Sonne steht bereits tief und brennt mir ordentlich auf den Pelz – goldenes Licht. Einen halben Meter vor mir schlummern drei Gepardenkinder. Der Himmel ist zur Hälfte tiefblau, schwere Gewitterwolken komponieren ein perfektes Bühnenbild. Ich beginne zu fotografieren, eile vom einen zum anderen Motiv, weil ich die Kurzweil des Lichtes fürchte und noch dazu ein Bild mehr als das andere verspricht. Eine Wolke unterbricht meine Emsigkeit. Die Geparde schlafen immer noch. Flachliegend rutsche ich näher und beuge mich über eine der kleinen Katzen. Sie hat die Augen fest verschlossen und sich gemütlich eingerollt. Ich betrachte ihr wunderschönes Fell und kraule schließlich ihr flauschiges Nackenhaar. Ich streichle den Kopf und über den Rücken. Dabei fällt mir auf, wie klein der Gepard noch ist.

Verschlafen beobachtet mich ein Fundi. Naserümpfend rutscht er näher. Sobald ich jedoch meine Hand nach ihm ausstrecke, weicht er zurück. Er ist sich nicht ganz sicher. Wir schauen uns in die Augen und ich spüre, wie es in ihm arbeitet. Schließlich löst er das Problem auf seine Weise. Schleichend, mit gesenktem Kopf und fixierendem Blick umrundet er mich. Just in dem Augenblick, in dem ich ihn aus den Augen verliere, stürzt er auf meine Füße zu und haut mächtig auf die Sohlen meiner Sandalen. Am liebsten würde er darauf herumkauen, doch ich lasse ihn nicht. Ich habe vergessen, meine Stiefel anzuziehen, und ohne diese ist mir die Sache doch zu gefährlich.

Die Sonne bläst zum letzten Angriff. Mit aller Macht sendet sie ihr goldenes Abendlicht gegen den Gewitter-

◀ ▶ Manchmal verlangen die Gepardenkinder mir viel ab. Kein Wunder, wenn sich die Gepardenmutter gelegentlich zurückzieht und mir ihre Zöglinge überläßt. Dennoch, wir verstehen uns prima, und es macht riesigen Spaß.

▼ „Katzen-Fotomodels" benötigen viele Streicheleinheiten.

himmel. In der Ferne regnet es bereits heftig. Ein unbeschreiblich schöner Regenbogen erzählt uns davon. Seine Spektralfarben scheinen mit dichtpigmentierten, leuchtenden Farben auf tiefblaue Leinwand gemalt zu sein. Ich frage mich, ob und wie die Geparde dieses Naturereignis wohl wahrnehmen. Neugierig recken sie ihre Köpfe aus dem hohen Gras und schauen in die Ferne.

Nachdem sich die Sonne für heute endgültig verabschiedet hat, bleibt uns nur wenig Zeit, dem Gewitterregen zu entkommen. Noch bevor wir das Camp erreichen, holt er uns endgültig ein.

▶ ▶ Nächste Doppelseite:

Der Reiz der Serengeti liegt auch in den ungewöhnlichen Lichtsituationen. Nach allen Himmelsrichtungen erstrecken sich sanftgewellte Steppen, oft mehr als 100 Kilometer. Auf der einen Seite heftige Regenfälle, auf der anderen Seite verwöhnt wunderschönes Sonnenwetter.
Regenbogen über dem „Gepardental" (kleines Bild).

▲ **Das Gepardenmädchen „Dione“.**

Der Tisch ist wieder reich gedeckt

Der zweite September ist ein mustergültiger Gepardentag. Zum Frühstück gibt es ausgewachsene Thomsongazelle. Wie im Schlaraffenland! Der Platz, den sich die Familie ausgesucht hat, scheint an einer Gazellenhauptstraße zu liegen. In regelmäßigen Abständen passieren einzelne oder kleinere Gruppen der zierlichen Tiere den Ort. Vor dem Frühstück jedoch wird ausgelassen gespielt. Ich polstere heute meine Füße mit allen möglichen Materialien: Lederschuhe, Strümpfe, abgeschnittene Hosenbeine und außenherum wickle ich Knieschützer. Bei so spiellustigen Geparden weiß man nie, was einen erwartet.

Ich robbe in die Prärie. Ein bißchen fühle ich mich wie ein Footballspieler, der in eine Arena geht. Sogleich umrunden mich die vier Fundis. Sie legen sich ins Gras. Die Beine sind angewinkelt, zum Sprung bereit. Aufmerksam beobachten sie meine Schuhe. Große Augen blitzen durch die Grashalme hindurch. Anhand der Ohren kann ich ihre Position ausmachen. Plötzlich schnellen sie hoch, rasen auf mich zu und der erste schlägt mit der Tatze auf den Schuh, um sogleich danach zuzubeißen. Der Rest der Meute springt über mich und fällt übereinander her. Dabei vollführen sie beachtliche Luftsprünge. Einer der Fundis kommt sogar auf die Idee, das ganze Jagdspiel mit meiner Kamera auszuprobieren. Er haut auf die Gegenlichtblende, so daß ich alle Mühe habe, das Gerät festzuhalten.

Am Spätnachmittag will die Gepardin sichtlich ihre Ruhe haben. Sie legt sich weit abseits ins hohe Gras. Die Gepardenkinder schauen etwas verwirrt drein. Deshalb setze ich mich in die Steppe und genieße die wärmenden Sonnenstrahlen. Es vergehen kaum zehn Minuten, da bin ich von müden, aber dennoch neugierigen Katzen umgeben. Das Gepardenmädchen, dem ich den Namen Dione gegeben habe, liegt mir gegenüber und streckt mir ihre Vordertatzen entgegen. Wir schauen uns an und wissen nicht so recht, was wir anfangen sollen. Schließlich streichle ich ihr über die Tatze, und sie versucht das gleiche bei mir. Glücklicherweise gelingt es ihr ihre, messerscharfen Krallen zu kontrollieren. Während ich ihr den Bauch kraule, beobachtet sie mich genau. Und trotzdem fallen ihr bald die Augen zu.

Die Jungs haben es auf meinen Knieschützer abgesehen. Ehe ich begriffen habe, ist er in ihrer Gewalt. Ich hole ihn mir zurück. Am einem Ende ein Gepard, ich am anderen. Ab und zu schnellt die Tatze nach vorn. Fauchend und unter großem Protest gibt der Fundi fürs erste auf. Doch von allen Seiten versuchen sie, wieder an den begehrten Gegenstand zu kommen. Wenn ich ihn über den Boden ziehe, robben sie geschickt. Manchmal vergessen sie noch, daß sie mich leicht mit ihren Krallen verletzen können. Dann fauche ich erbost und die Spieler halten betroffen ein. So geht das Hin und Her, bis am Ende die Müdigkeit alle übermannt. Ich sitze zwischen vier schlafenden Gepardenkindern. Alle wollen gekrault und gestreichelt werden. Anscheinend mache ich das auch ganz gut, denn sie räkeln sich, kuscheln sich immer enger aneinander und schnurren sanft vor sich hin. Als es dunkel wird, schleiche ich ins Auto zurück. Erst als Nyangusi den Motor anwirft, schauen sie auf. Wir fahren 100 Meter und blicken dann noch einmal zurück. Die Gepardenköpfe sind schon wieder im Gras verschwunden.

Nur wer viel spielt, wird ein guter Jäger

Wir kommen uns näher, Tag für Tag. Zum einen lernen wir unsere Eigenschaften besser kennen, zum anderen beruht es auf Zugeständnissen. So habe ich es mittlerweile aufgegeben, meine Entscheidung, ob ich auf allen Vieren mit den Geparden lebe oder lieber vom Auto aus beobachte, vom Wetter abhängig zu machen. Es regnet eben jeden Tag ergiebig, und außer-

▼ **„Dione“**

◀ „Die Tatzen werden gewaschen"

▶ „Diana und Dione"

▼ „Zungenkuß"

Auch wenn beim Fressen und Spielen manchmal ziemlich rauhe Sitten herrschen, sind Geparde untereinander sehr zärtlich.

Ein wichtiger Bestandteil des sozialen Miteinanders ist das gegenseitige Putzen vor allem nach der Nahrungsaufnahme. Gleich nach dem Mahl direkt am Riß beginnen sie die Fraßspuren untereinander zu beseitigen. Spätestens in sicherer Entfernung an einem Ruheplatz pflegen sie sich dann hingebungsvoll. Auch ich muß all dies lernen. Wenn ich den Geparden nach dem Fressen über den Kopf oder die Wangen streiche, lecken sie mir im Gegenzug die Hand.

▲ **Thomsongazelle ist das Lieblingsgericht der Geparde.**

dem sind meine Kleider sowieso schon gnadenlos verdreckt. Auf der anderen Seite habe ich den jungen Geparden durch Imitation ihrer eigenen Verhaltensweisen Stück für Stück klargemacht, daß „menschliche Geparde“ verletzlich sind und wo die Grenzen liegen. Zwar passiert es im Eifer des Gefechtes immer wieder einmal, daß die Fundis mit ausgefahrenen Krallen zuschlagen. Sobald ich jedoch fauche, eine eindeutig abweisende Bewegung mache oder deutlich „Beleidigt sein“ signalisiere, tritt ein Moment der Besinnung ein.

Interessant ist, daß sich die Charaktere männlicher und weiblicher Geparde im Alter von etwa sechseinhalb Monaten bereits sichtlich unterscheiden. Zum Gepardenmädchen bekomme ich leichter Zugang. Eines Morgens sitzen wir uns gegenüber und untersuchen uns gegenseitig. Ich kraule ihre Brust und den Hinterkopf, streichle über den Kopf und stupse ihre Nase. Sie verfolgt meine Bewegungen genauestens. Endlich nimmt sie ihre Tatze und versucht das gleiche. Sie streicht mir über die Hände und über die Schulter. Obgleich die Krallen weitmöglichst eingezogen sind, hinterläßt sie Schrammen oder bleibt im Stoff des Hemdes hängen. Lernen durch Versuch und Irrtum – sie bedient sich der Katzenmethode. Sanft fährt die kleine rauhe Zunge über meine Hände. Bisweilen unterbricht sie und blickt mich fragend an, nach dem Motto: „Recht so? Tut's auch nicht weh?“ Am Ende möchte sie die so anderen Tatzen doch genauer kennenlernen. Mit aller Vorsicht beißt sie auf die Hand, noch einmal und ein drittes Mal. Wohl weil ich nicht reagiere, versucht sie es fester. Aua, es tut weh. Ich ziehe beleidigt meine Hand zurück, und sie erschrickt. Ihre Vordertatze stupst gegen meinen Arm: „Sorry, war nicht so gemeint.“

Die männlichen Gepardenkinder sind in allen Belangen ein bißchen aggressiver. Sie ziehen es eher vor, sich um meine Knieschützer zu balgen. Wenn alle drei mich von sämtlichen Seiten attackieren, habe ich alle Hände voll zu tun, meine Haut zu verteidigen. Manchmal entsteht der Eindruck, sie sind fast ein klein wenig jähzornig. Denn enthalte ich ihnen den begehrten Gegenstand allzulange erfolgreich vor, schnellt schon einmal eine messerscharfe Tatze wütend nach vorne. Insgesamt verstehen wir uns aber hervorragend. Ich erkenne immer besser, wonach den Geparden gerade der Sinn steht.

Das Wetter verhält sich wie zur kleinen Regenzeit. Diese ist üblicherweise im Oktober/November. Der tägliche Regen schenkt der Serengeti bald einen erfrischenden grünen Lebenshauch. Meistens regnet es in der zweiten Tageshälfte oder nachts. Der Gepardenfamilie paßt das ganz und gar nicht. Sie müssen in einem nassen Bett schlafen und werden noch dazu während des Schlafes beregnet. Am Morgen sehen sie dann wie begossene Pudel aus, überhaupt nicht glücklich. So dösen sie vor sich hin, bis die aufsteigende Sonne ihre Lebensgeister weckt. Erst dann ist die Welt wieder in Ordnung.

Das durchwachsene Wetter hat immerhin eine angenehme Seite: Die Gazellen ziehen zu Hauf in die offene Steppe zurück. Täglich brechen große Gruppen von der Baumsavanne auf. Für die Katzenfamilie bedeutet dies einen reichgedeckten Tisch. Am 4. September erlegt die Gepardin sogar gleich zwei Thomsongazellen. Die zweite wird im kühlen Schatten unter unserem Land Rover verspeist. Wir hingegen sitzen oben drüber und genießen unser Mittagessen.

Gepard unter Geparden

Die Tage vergehen wieder einmal viel zu schnell. Fast wehen sie wie der Wind über die offene Steppe. Das Gras wird beinahe stündlich grüner. Der ausgelaugte Vulkanboden schluckt förmlich das Regenwasser. Wo eben noch eine Wasserpfütze war, ist eine halbe Stunde später der Boden scheinbar trocken. Die Natur richtet sich eben nicht nach dem Kalender. Zu unse-

▼ „Dione“ beißt mir zärtlich in die Hand.

rer großen Überraschung stellen wir fest, daß bereits riesige Herden von Gnus und Zebras aus der Maasai Mara im Seroneragebiet der Serengeti angekommen sind. Zu früh für den Kalender, jedoch gerade der richtige Zeitpunkt den Regen betreffend.

Es ist mittlerweile der 7. September und die Familie macht immer noch keine Anstalten, das weite, sanfte Tal mit dem einsamen Baum in seiner Mitte zu verlassen. Wozu auch? Die Gepardin serviert täglich pünktlich zum Frühstück oder spätestens zum Mittagessen Thomsongazelle. Manchmal haben wir den Eindruck, die Katzen überlegen ernsthaft, ob sie das gejagte Tier überhaupt verzehren sollen. Übermäßig hungrig sehen sie jedenfalls nicht aus. Trotzdem, am Ende bleiben stets nur das nackte Fell und ein paar unsauber abgenagte Knochen übrig.

▲ Mit den Vorderextremitäten bringt die Gepardin die Beute (hier eine Thomsongazelle) zu Fall und erwürgt sie mit einem gezielten Haltegriff an der Kehle. Meist stirbt das Beutetier sehr schnell, weil aufgrund des extremen Spurts der Sauerstoffgehalt im Körper ohnehin bereits enorm abgenommen hat.
Tribut für die Jagd ist ebenfalls akuter Sauerstoffmangel und ein völlig überhitzter Gepardenkörper, der durch intensives Atmen, begünstigt durch die größer dimensionierte Nase, heruntergekühlt wird. Nach etwa einer Viertelstunde ist der Gepard dann in der Lage zu fressen.

Für uns ist es längst Routine, unseren Tag nach dem Leben der Geparde einzurichten. Gespielt wird eigentlich ausschließlich am frühen Morgen, und zwar bis die Sonne hoch steht und zu sehr auf das Fell brennt. Meist klingt das Spiel dann gegen zehn Uhr im Schatten unter dem Auto aus. Währenddessen oder spätestens dann jagt die Mutter. Nach dem Essen wird geschlafen oder wenigstens gedöst. Die Aktivitäten gegen Abend beschränken sich in aller Regel auf die Schlafplatzsuche. In dem momentanen Schlaraffenland dauert diese allerdings nur wenige Minuten. So verschwinden alle des öfteren bereits weit vor Sonnenuntergang im hohen Gras und werden erst am nächsten Morgen wieder gesehen.

Die Fundis werden zunehmend vorwitziger. Meine Schuhe zu erjagen ist längst out. Vielmehr balgen sie sich jetzt mit Vorliebe um mein abgeschnittenes Hosenbein, das ich immer zum Schutz meiner Hände beim Gang auf allen Vieren mit mir trage. Wild fuchteln die Tatzen nach dem ungewöhnlichen Textil. Ich mache es ihnen schwer, an das Stück Stoff zu kommen. So müssen sie sich allerhand Tricks einfallen lassen. Bisweilen versuchen sie es

▲ **Bereits mit zehn Wochen beginnen die Gepardenkinder den Würgegriff der Mutter zu kopieren. Der hier sieben Monate alte Fundi erwürgt die bereits erlegte Beute „ein zweites und ein drittes Mal".**

von hinten oder vollführen enorme Luftsprünge, nicht selten mit Bruchlandung. Haben sie das Stück Hose erst in ihrer Gewalt, beginnt ein lustiges Schlagen mit den Tatzen danach. Ein bißchen erweckt es den Anschein, als würden die Katzenkinder Fußball spielen.

Besonders eindrucksvoll ist, wie die Geparde ihr Sozialverhalten auf mich als Familienmitglied ausweiten. So ist ihre erste Tat am Morgen, sich gegenseitig zu putzen. Sie tun das gleiche bei mir. Zwar fällt es immer noch schwer, mit dem menschlichen Gepard zurechtzukommen, doch man gibt sich alle Mühe. Sobald der Fundi nicht mehr weiter weiß, beißt er sanft zu. Danach arbeitet die kleine Zunge vorsichtig weiter. Als Gegenleistung kraule ich die Geparde ausgiebig oder streife ihnen den Staub oder den Tau aus dem Fell. Überhaupt versuche ich mich so gepardenmäßig

Bilder auf dieser Doppelseite:
Das Fressen ist bei Geparden ein Wettlauf mit der Zeit, weil sie nicht in der Lage sind, ihre Beute gegenüber Löwen oder Hyänen effektiv zu verteidigen.

wie möglich zu verhalten. Zieht in der Ferne eine Hyäne vorbei, setze ich mich ins Gras und schaue nicht minder aufgeregt in die entsprechende Richtung.

Eines Morgens taucht ein Gepardenmann auf. Ich tolle gerade mit den Fundis auf dem Boden. Die Gepardin hat den Artgenossen bereits in weiter Ferne ausgemacht. Einer nach dem anderen beendet sein Spiel. Die Gepardin sitzt mit tiefhängendem Kopf. Sie gurrt aufgeregt und ruft auf diese Weise ihre Jungen zu sich heran. Ihre Augen folgen jeder Bewegung des Gegenübers. Das ganze scheint nicht auf eine freundliche Begegnung hinauszulaufen. Vorsichtshalber ziehe ich mich ins Auto zurück. Die Familie nimmt davon keinerlei Notiz. Starr haften alle Augen auf dem Ankömm-

ling: ein riesiger Gepard. Aus einer gewissen Entfernung erinnert seine Statur eher an die eines Löwen. Sein Kopf ist grau, die leuchtenden Erdtöne auf dem Rücken sind verblaßt, ebenso die Fellpunkte. Er schlägt einen großen Bogen um die Familie und geht geradewegs zum Baum. Dort markiert er erst einmal. Als er zurückkommt und direkt auf die Gepardin zugeht, steigt die Spannung ins Unermeßliche. Plötzlich jagt der alte Herr auf einen Fundi zu. Der rettet sich einstweilen mit zwei bis drei Sätzen ins hohe Gras. Er piepst erbärmlich. Die Mutter ruft. Ihre Rufe klingen flehend. Der alte Herr krächzt vor sich hin. Ich schaue bös drein. Alles dauert wenige lange Minuten. Dann sieht der Gepardenmann ein, daß mit dieser Gesellschaft schlecht Kirschen zu essen ist. Er zieht unverrichteter Dinge ab.

Geparde fressen zuerst Herz und Nieren und trinken dann das Blut. Die Därme werden sorgsam zur Seite gelegt und nicht angerührt. Die Magenwand wird gefressen, allerdings wird der Inhalt nicht verzehrt. Anfangs übernimmt die Mutter die ausschließliche Wachfunktion an der Beute. Mit der Zeit überwachen auch zunehmend die Jungen das umliegende Areal.

Bäume sind für die Geparde der Serengetisteppe ohne wirkliche Bedeutung. Die Jungen benutzen sie zum Spielen, die Erwachsenen erklimmen sie immer wieder um besseren Ausblick zu haben. In Gebieten mit zum Teil dichten Baumsteppen haben die Geparde durchaus die Vorzüge der Bäume bei den Jagdvorbereitungen zu schätzen gelernt.

► Ein unglaublich ästhetischer Genuß: Die Gepardenmutter ist auf einen Baum geklettert, um das Gelände besser überschauen zu können.

▼ ... und was Mama kann, können die Gepardenkinder allemal.

„Mdoa mdoa waju" nennen die tansanischen Safarifahrer den Leopard. Es heißt soviel wie „schwarz gefleckte Katze, die auf den Bäumen lebt".

Leoparden leben überwiegend in den Baumsteppen, und so begegnen sich die beiden schwarz gefleckten Katzenarten nur selten. Trotzdem, „Diana" schaut sich die Bäume erst genauestens an, bevor sie ihre Zöglinge näher führt. Eine überraschende Begegnung mit einem Leoparden kann gefährlich sein.

► **Der Jungleopard betrachtet neugierig meine Kamera.**

In den letzten Tagen vor meiner Abreise stelle ich schließlich fest, daß das Spiel der Geparde zunehmend aggressiver wird. Ganz offensichtlich bereiten sich die jungen Katzen instinktiv auf den Ernst des Lebens vor. Als Familienmitglied erlebe ich diese Entwicklung am eigenen Leibe mit. Häufiger bekomme ich die messerscharfen Krallen zu spüren. Einer der männlichen Fundis scheint sich eine Vormachtstellung zu erstreiten. Weil er häufig faucht und mit großer Hingabe daran arbeitet, gefährlich oder gar „schrecklich“ auszusehen, taufe ich ihn „Attila“. Er ist eben ein Stück weit aggressiver. Die anderen drei erkennen dies schnell. Sie fügen sich und vermeiden es zudem, mit ihm zu spielen. Nicht selten, wenn der „Fundiboß“ mitkämpft oder Schläge austeilt, fließen Tränen. Besonders Dione muß ich oft trösten. Sie hat einen schweren Stand. Immer häufiger üben die Gepardenkinder auch Sexualverhalten. Die drei Männchen stürzen sich dann meistens zur gleichen Zeit auf das Gepardenweibchen und simulieren die Kopulation.

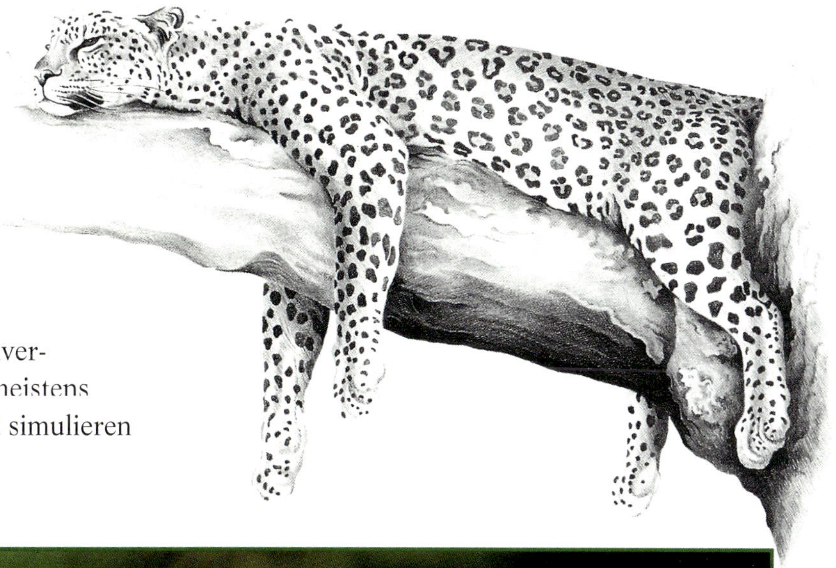

▶ **Ich bin zwar nicht naß vom Tau, aber wenn ich am Morgen herbeikrieche, werde ich auch geputzt. Das gehört „zum guten Ton“ bei den Geparden. Und wer Gepard sein will, der hat das gut zu finden.**

◀ **„Hans“ interessiert sich für das Fotografieren. Mit anderen Worten: Er übt Jagen und würde am liebsten die Kamera erlegen. Stattdessen opfere ich ein Stück meines Hosenbeins.**

Und wieder ein Abschied

Am 10. September heißt es wieder einmal Abschied nehmen. Wie all die Wochen zuvor brechen wir sehr früh von unserem Lager auf. Wir finden die Familie auf Anhieb. Fast liegt etwas Trauer in der Luft. Die Sonne beginnt den Tag hinter einem Schleier feingegliederter Schäfchenwolken. Bisweilen blitzt warmes, farbiges Licht durch das Himmelsmosaik, beinahe wie ein Leuchtturm, der mir den Weg zum tansanischen Flughafen weist.

Ich konzentriere mich auf meine heißgeliebten Katzen. Ich liege vor ihnen im Gras und warte, bis sie ganz wach sind. Einer nach dem anderen kommt zu mir. Vertraute Nasen schnüffeln vor meinem Gesicht. Es gibt ein Guten-Morgen-Küßchen. Zögerlich beginnt das Spiel. Einer zieht vorsichtig an meiner Jacke, einer hängt an der Hose, der dritte am Schuh und der vierte kaut genüßlich an der Gegenlichtblende meiner Kamera. Ich beschließe, das ohnehin bis zur Unkenntlichkeit verstümmelte Stück Hose in den Ring zu werfen. Damit löse ich wilde Spielereien aus, an denen sich zu meiner Überraschung auch die Mutter beteiligt. Vier Gepardenkinder, ein ausgewachsener Gepard und ein Gepard der Handelsmarke „Homo sapiens“ fallen übereinander her. Die Balgereien werden schließlich so ausgelassen, daß ich mir prompt einige blutende Kratzer einfange. Die Katzenmutter stellt ihre Sprößlinge auf eine harte Probe. Sie teilt heftige Hiebe aus und spart keineswegs mit Genickbissen. Manchmal verläßt ein Fundi ärgerlich gurrend den Pulk.

Es ist ungemein wichtig, alle Kommunikationsmöglichkeiten zu kennen, wenn man mit wilden Geparden spielt. Schnell findet eine der messerscharfen Krallen den falschen Weg und verletzt. Dann hilft nur Fauchen, beleidigtes Gurren oder aggressive Gebärden. Angriff ist die beste Verteidigung, wie alle (auch die Geparde!) wissen.

Die Sonne hat schon beträchtlich an Höhe gewonnen. Mittlerweile jagen sich die Gepardenkinder um den Land Rover herum. Nyangusi sitzt im Auto und signalisiert immer wieder: „Höchste Zeit aufzubrechen!“ Ich überhöre und übersehe ihn einfach.

Endlich hat ein Fundi den direkten Sprung auf die Motorhaube geschafft. Stolz thront er dort und betrachtet sich im Spiegel der Windschutzscheibe. Er macht allerlei Grimassen und, da sein Gegenüber im Spiegel desgleichen tut, faucht er ärgerlich.

▲ Wendigkeit ...

▲ Spurt ...

▼ Nur wer viel spielt wird ein guter Jäger!

▲ „Wilde Rauferei – Fitnessstudio für heranwachsende Geparde“.

▲ Der Reiz der Kamera als „Objekt der Begierde“ geht niemals verloren.

▲ **Die Gepardenmutter will mich nicht fortgehen lassen ...**

Ich beobachte alle aus der Entfernung. Als ich mich drehe, bemerke ich, wie die Gepardin an mich herankommt. Ich sitze auf allen Vieren und versuche, sie so freundlich wie möglich anzuschauen. Aus meinem zusammengekauerten Blickwinkel wirkt die elegante Katze ganz schön groß. Sie gibt ihre über drei Wochen gewahrte Distanz vollständig auf. Sanft fährt ihre Zunge über meinen Kopf. Ich spüre ihren heißen Atem. Ich bin tief berührt. Spürt die Katze, daß ich sie heute verlassen muß? Alles wirkt wie ein zärtliches Dankeschön. Immerhin habe ich mir alle Mühe gegeben, ihre vier aufgeweckten Kinder über all die Wochen mitzubetreuen. Meine Blicke streifen über die Ebene und bleiben am Land Rover hängen. Ach ja, es ist wirklich allerhöchste Zeit aufzubrechen.

▲ Sonnenaufgang im Kreise der Familie

Der Abschied ist nicht nur psychisch schwer, sondern auch physisch. Gerade drehe ich mich, um zum Blechesel zu robben, da packt mich die Gepardin am Gürtel. Ich schaue über die Schulter in ein fest entschlossenes Gesicht. Samtweiche Augen schauen zu mir auf. Muskulöse Tatzen stemmen gegen mich. Die gefleckte Katze läßt nicht los. Ich ziehe nach vorn, die Gepardin nach hinten. Tauziehen. Das scharfe Gebiß der Katze beendet die Angelegenheit. Der vier Zentimeter breite Ledergürtel reißt.

Ich sitze im Auto, meine ganze Familie frustriert daneben. Ich fühle ihre Trauer, meine dazu. Fünf Minuten später verschwinden fünf Punkte am Horizont. Was soll ich machen?

▲ Die Serengeti im September.

▲ ▲ Die Ngorongoro Conservation Area im November (kleines Bild).

Die dritte Reise

Mühsam arbeitet sich der Land Rover die Hänge des berühmten Ngorongorokraters auf den ostafrikanischen Grabenbruch empor. Der Motor klingt gequält, besonders in der einsamen Stille des Nebelwaldes. Hie und da beginnt das Auto zu schlingern. Auf der wasserdurchtränkten Lehmpiste droht sich die Karre querzustellen. Hektisch lenkt der Fahrer dagegen, fällt dabei fast auf die Beifahrerseite. Ich schrecke auf. Das schwere Idyll des triefenden Waldes hat mir für einige Augenblicke das Bewußtsein geraubt. Eigentlich war ich schon in die Serengeti entrückt. Doch bis dahin ist noch ein weiter Weg.

Wieder drehen die Räder durch. Tobias ist kleinwüchsig und seine Lenkmanöver wirken, als würde er im Auto tanzen. Zum Tanzen ist mir nicht zumute. Tobias ist mein neuer Begleiter. Ich kenne ihn gerade einmal 24 Stunden. Nyangusi hat einen Todesfall in der Familie zu beklagen, und die Tradition der Maasai nimmt ihn jetzt viele Tage in Anspruch. Zu viele Tage, als daß ich auf ihn warten könnte. Und so habe ich mich eben schweren Herzens für Tobias entschieden, nicht ohne ihm ein Horrorszenario von Wochen schlimmster Entbehrung und Arbeit bis zum Umfallen usw. aufgezeichnet zu haben. Er wollte dennoch mitfahren.

Mittlerweile ist es November und östlich des großen Rift Valleys hat die kleine Regenzeit begonnen. Der Ngorongorokrater selbst bietet schließlich ein erbärmliches Bild. Er scheint gar gänzlich ausgetrocknet. Sogar sein größter See ist der anhaltenden Trockenheit zum Opfer gefallen.

▲ **Gepardenkinder im Rückspiegel.**

Als wir den Kraterrand verlassen, hat der ohnehin spärliche Regen längst aufgehört. Mir fährt ein Schrecken durch die Glieder. Das vor uns liegende Ngorongoro-Naturschutzgebiet und die anschließende Serengeti gleichen eher der Sahara. Verwaschene Brauntöne fließen ineinander. Da und dort schält sich das Schattenbild einer Anhöhe heraus. Die Brauntöne werden schwächer, verlieren sich schließlich in einem Staubschleier am Horizont. Darüber erhebt sich milchig blau der Himmel. Zwischen einem konturlosen Gemisch aus Cumulus- und Stratuswolken brennt die Sonne gnadenlos auf das ausgedorrte Land.

Ich erinnere mich an die zartgrünen Ebenen, die ich vor einigen Wochen hier zurückließ. Während der Land Rover die steile Kraterstraße herunterdonnert, bockt und meterweise rollt, ruft mir Tobias im Erzählstil zu, daß es seit meines letzten Aufenthaltes westlich des Rift Valleys nicht mehr geregnet hat. Ich bin entsetzt und versuche dies auch nach außen hin zu zeigen. Tobias sieht es nicht mehr. Eine Staubwolke dringt ins Innere des Autos und für einige Zeit ist sozusagen jeder für sich allein. Wir schnieben, schnauben und niesen noch oft, ehe wir in unserem Lager ankommen und wieder frei durchatmen können.

In der Nacht streift ein Löwenrudel zwischen unseren Zelten umher. Der Herr der Gruppe brüllt mit solcher Wucht, daß es mich aus meinen tiefsten Träumen reißt. Der Boden unter mir scheint zu beben. Die Nacht ist gelaufen.

Wieder im Kreis der Familie

Endlich ist der Morgen gekommen, an dem wir beginnen, unsere Gepardenfamilie zu suchen. Grundlagen sind einmal wieder eine Menge widersprüchlicher Informationen. Wir beschließen, uns dadurch nicht irreführen zu lassen. Ich erkläre kurz meine Strategie: an den östlichen Rand der Serengeti zu fahren, in den Süden, im Hundesuchverfahren – sprich im Zickzackkurs – nach Norden. Wichtigstes Handwerkszeug ist unser Fernglas. Am Abend können wir nur feststellen, daß die Strategie zwar gut war, wir jedoch zu wenig ausgeschlafen waren. Bereits nach der halben Wegstrecke sind wir des öfteren eingenickt. So wiederholen wir das Ganze am nächsten Tag noch einmal, und auch am darauffolgenden Tag und wiederum am nächsten Tag mit wenigen Abwandlungen. Und siehe da, an einer Stelle, die wir schon mehrmals passiert haben, liegen sie im Gras. Wir sehen sie quasi zufällig im Rückspiegel.

Die Gepardenmutter streckt ihren Kopf prüfend in die Höhe. Beinahe gleichzeitig fahren unsere Köpfe herum, weil Tobias zeitgleich beherzt das Bremspedal durchdrückt. Für einen Sekundenbruchteil sehe ich nur die olivgrüne Kopfstütze vor mir. Klacks – ich drehe mich abermals herum und blicke in undurchsichtigen Staubnebel. Wir warten nicht auf Durchblick. Mein Fahrer reißt am Ganghebel und legt den Rückwärtsgang ein. Das Auto ächzt gequält auf. Zehn, zwanzig, dreißig Meter. Ich bin völlig irritiert. Drei Gepardenkinder kommen zum Vorschein. Im ersten Moment tippe ich auf eine andere Familie, die wir gestern südlich der Simba Kopjes aufspürten.

Aus der schattigen Tiefe des Grases taucht der Kopf eines vierten Gepardenkindes auf, blickt in die heiße Sonne: Ein Unhold aus der Tiefe, der Blick eines Großvaters und doch noch so jung. So kann nur ein Fundi schauen!

Was für ein unbeschreibliches Gefühl, in fünf vertraute Gepardengesichter zu blicken! Ich hänge meinen Kopf so weit wie möglich aus dem Autofenster und schnurre in feinster Gepardenmanier. Mit den Augen winke ich ihnen zu, verziehe mein Gesicht und versuche zu gurren. Alle Gepardenaugen sind auf mich geheftet.

„Oh, oh, immer noch nicht gelernt," die Geparde scheinen sich ein bißchen zu wundern. In nahezu unterkühlter Diplomatie schreitet der Oberfundi Attila auf den Rover zu. Er schnüffelt am Bodenblech entlang, erreicht schließlich die Vorderreifen und haut mit aller Wucht auf die Karosserie. Die Krallen kratzen über den Lack und es quietscht, daß es uns eiskalt den Rücken herunterläuft. Vor allen Dingen die Härte des Schlages hat mir gewisse Bedenken eingeflößt. Mit dieser Raubkatze soll ich auch spielen?

Attila schaut den Rest der Meute an. Er schnieft. Offensichtlich wirkt es nicht unbedingt überzeugend auf die Geschwister. Die möchten sich die Sache lieber selbst anschauen. Einer nach dem anderen kommt. Titan und Hans sind Reifenexperten. Dione riecht vorsichtig an der Autotür. Sie hebt den Kopf und unsere Blicke berühren sich. Wunderschöne Augen. Mich packt das Fieber. Am liebsten würde ich sofort aussteigen. Doch Geparde sind nun mal empfindlich. Ich halte mich im Zaum. Morgen früh werde ich es versuchen.

▼ **Geier in der Abendsonne.**

▲ **Sonnenaufgang aus der Gepardenperspektive.**

◀ **Nicht selten treffe ich Geparden am Morgen noch dösend an. In der Nacht schlafen sie mit direktem Körperkontakt, offensichtlich ein Schutz vor der Kälte der Nacht. Ich warte dann in geraumer Entfernung, bis die Geparde mit ihren Aktivitäten beginnen.**

Während wir die Familie über die Steppe verfolgen, laufe ich im Geist auf allen Vieren mit. Bisweilen ist das Gras so hoch, daß meine zum Fenster heraushängenden Arme es mühelos streifen. Immerhin ist das Gras, obwohl es braungelb verdorrt ist, zumindest noch lang genug, um den Geparden ausreichend Deckung zu verschaffen. Kaum lassen wir die gefleckten Katzen rund 100 Meter vorgehen, haben wir Mühe, sie im kontrastlosen braunen Einerlei wiederzufinden. Uns wird klar: harte Arbeit steht bevor. Mit ihnen durch die Serengeti zu ziehen, erfordert Ausdauer im Suchen und höchste Konzentration. Der Gepardin hingegen kann eine noch bessere Tarnung nur lieb sein. Sie kommt leichter an die Beute heran und deshalb sehen die Geparde auch keineswegs unterernährt aus.

Ich bin eben damit beschäftigt, diesen Gedanken zu Ende zu bringen, da präsentiert mir die Natur in puncto Tarnung eine Lehrstunde. Die Fundis sitzen aufrecht im Gras, die Gepardin rund 30 Meter vor ihnen ebenfalls. Sie hat mal wieder die Jagdmimik. Ihre messerscharfen Blicke

gleiten vor unserem Auto vorbei. Von rechts schlendern zwei Thomsongazellen arglos daher. Die Stille der Serengeti, alles ist so friedlich. Wer vermutet da schon tödliche Gefahren? Die Gazellen jedenfalls nicht, sonst wären sie keinesfalls der schnellen Jägerin geradewegs in die Arme gelaufen. Mühe sind lediglich einige beherzte Sprünge, Lohn eine ausgewachsene Gazelle.

Meine Vermutungen bestätigen sich. Die Familie hat wenig Hunger. Die bereits runden Bäuche werden runder. Am Ende lassen sie sich sogar von einer Gruppe Geier verjagen. „Dinner for all“ – so hat jeder seinen Genuß. Mit allerhand Versprechungen motiviere ich Tobias, bis zur vollständigen Dunkelheit in den Simba Kopjes zu verweilen. Mit Bier und Zigaretten habe ich dann doch noch seinen Geschmack getroffen. Und wir bleiben sehr lange. So lange, daß wir ihren Schlafplatz genau kennen, und so lange, daß wir uns in völliger Dunkelheit im Schrittempo bis zur Hauptpiste durchtasten, wo wir erst das Fahrzeuglicht einschalten können.

Am heutigen Abend im Lager ist jeder auf seine Weise glücklich. Der Koch Thomas serviert zur Feier des Tages eine doppelte Ration, von der mindestens die Hälfte an das in der Nacht erscheinende Stachelschwein geht. Tobias schlürft ein Bier nach dem anderen und

Erst schauen, ob alles okay ist – Dösen – Dösen – Gähnen und ein bißchen Putzen: die Sonnenseite des Gepardenlebens (von oben links nach rechts unten).

manchmal glimmen zwei Zigaretten gleichzeitig zwischen seinen Lippen. Ich bastele leidenschaftlich wieder und wieder an meiner Fotoausrüstung herum.

Die paar Stunden Schlaf vergehen schneller, als uns lieb ist. Der Wecker piepst um 4.15 Uhr, und zwar so schrecklich grell, daß wir sofort senkrecht im Zelt stehen. Die Lageratmosphäre ist hektisch. Die verdammte Karre springt erst nach dem fünfzigsten Versuch an. Thomas läuft kopflos hin und her und sucht sein Schlachtmesser, mit dem er üblicherweise Früchte mundgerecht zerlegt.

Weit vor Sonnenaufgang sind wir in den Simba Kopjes. Glücklicherweise sitzen die Geparde eng beieinander im Gras und schauen uns bereits neugierig entgegen. Offensichtlich sind sie nicht mehr sehr an unser Auto gewöhnt. Wir sind froh. Auf diese Art und Weise ersparen wir uns das Suchen. Mein Fahrer parkt den fahrbaren Untersatz in sicherer Entfernung. Ich mache mich auf den Weg und vermute, nach all der langen Zeit sollte ich vorsichtig sein. Keineswegs. Interessiert beobachtet man, wie der außergewöhnliche Gepard unbeholfen näherkriecht. Ich bin aus der Übung. Zu meiner Verteidigung muß ich hinzufügen, daß ich wesentlich mehr gepolstert bin als vor Wochen – und das schränkt mich in meiner Bewegungsfreiheit spürbar ein.

Als ich endlich nach Minuten am Schlafplatz ankomme, schaut die Familie müde drein. „Lala Salama!" Gute „afrikanische" Nacht. Alle schlafen noch eine Runde. Auch ich lege mich ins Gras, stütze meinen Kopf auf und will ein wenig dösen. Plötzlich schrecke ich zurück. Vor mir liegt die Tatze eines Fundis. Die Krallen zumindest sind enorm gewachsen. An ihnen klebt noch Blut von der gestrigen Mahlzeit. Überhaupt hat der Lümmel seine Tatzen nicht ordentlich gewaschen. Auch die Fellhaare zwischen den Krallen sind blutig. Ich blicke nacheinander auf meine Lederschuhe, Ledergamaschen, Lederarmbänder und erinnere mich an alle Verhaltensweisen, mit denen ich mich gegen zu stürmisch spielende und kämpfende Geparde zur Wehr setzen kann. Was bleibt, ist die Hoffnung.

Nicht die Sonne, sondern eine vorbeiziehende Zebraherde jagt schließlich die Katzen aus ihrem Grasbett. Die Mutter eilt zum nächsten Erdhügel und checkt die Umgebung. Der Anblick ist so ästhetisch, daß ich schnellstmöglich nachrobbe und einige Filme durch die Kamera jage. Arbeiten wie im Studio. Fast wie im Studio. An meinen Schuhen hängen nämlich drei Gepardenkinder. Sie haben meine Unaufmerksamkeit genutzt. Mit der einen Gehirnhälfte kontrolliere ich die Gegend beinabwärts, mit der anderen entwickle ich Fotokompositionen. Ich spüre, wie die Gepardenkinder über die Schuhe gleiten. Die Krallen tasten über die Ledergamaschen. Welch ein Glück, der Verschluß hält. Höchste Zeit einzugreifen – die Tatzen arbeiten sich zu den Knien voran. Ich drehe mich um, die Geparde machen einen Satz nach hinten: „Haste was?“ „Seid vorsichtig,“ ich fauche.

Die Mutter trottet zum nächstliegenden höheren Gras. Mit dem Kopf voran, Po in die Höhe bohrt sie sich regelrecht in den natürlichen Schattenspender. Kurzum, sie plumpst hinein. Ein zufriedener Schnauber ist zu vernehmen. Nur der Kopf schaut noch halbwegs heraus. Sie gähnt mit hinreißender Genüßlichkeit. Dann ist nichts mehr zu sehen.

Ihr Nachwuchs ist aus demselben Holz geschnitzt. Die junge Dame und die drei Herren gruppieren sich um den Erdhügel. Gefragt sind die Schattenplätze. Ich muß in der Sonne liegen. Schöne Gesellschaft!

Die Geparde haben mich mit überraschender Sicherheit und Selbstverständlichkeit wiedererkannt und aufgenommen. Es ist, als wäre ich überhaupt nicht fortgewesen. Wäre da nicht eine gewaltige Entwicklung bei den Jungen festzustellen, würde ich desgleichen glauben. Sie sind sichtlich erwachsener geworden. Nicht unbedingt im Wesen, aber im Aussehen. Die Tatzen sind größer, die Zähne ausgeprägter, die Beine länger und das Gesicht jugendlich, manchmal auch ein bißchen erwachsen. Wenn sie auf dem Erdhügel stehen und ihr jagdlicher Blick in die Ferne schweift, dann stehen sie ihrer Mutter kaum noch nach.

Gestörte Ruhe

Die Simba Kopjes sind ein zauberhafter Landstrich. Jeder Tourist, der in die Serengeti kommt, fährt zumindest einmal dorthin und umrundet einige der dreißig bis vierzig Felsenhügel. Je nach Jahreszeit findet man dort Löwen, Leoparden, Geparde, Klippschliefer, viele Vögel, insbesondere Eulen, und andere große und kleine Glanzlichter der Natur. Die Geparde lieben das Gebiet, weil in einer erstaunlichen Regelmäßigkeit Thomson- und Grantgazellen durchziehen: Eben ein großflächiges Naturrestaurant.

Am Horizont erscheinen drei Safaribusse. Sie fahren mit hoher Geschwindigkeit. Eine lange Staubfahne zieht hinter ihnen her. Wie vom Blitz getroffen schreckt die Gepardin auf. Zielsicher visiert sie die drei dahinbrausenden Ungeheuer an. Die Fundis sind nicht weniger ängstlich. Mit einem beherzten Sprung verläßt die Mutter das hohe Gras und stiebt davon. Ihre Kinder haben alle Mühe, ihr zu folgen.

Die Busse bremsen ab und verschwinden für einen Moment im Staubnebel. Mit beiden Armen gestikulieren wir aggressiv, daß die Fahrzeuge nicht die Erdpiste verlassen dürfen. Eine Sondergenehmigung bringt uns wieder in den Genuß, diese insgesamt sehr sinnige Regel der Serengetiverwaltung mißachten zu dürfen. Die Busse kommen trotzdem. Tobias sitzt schon auf dem Fahrertürfenster und schmettert den Störenfrieden wüste Schimpfworte entgegen, glücklicherweise auf Suaheli – so verstehe ich nicht allzuviel. Die Gestik ist allerdings eindeutig: „Schert euch zum Teufel!“ Die Mühe hat sich gelohnt. Die Safarifahrzeuge drehen wieder ab. Gemessen an der auszumachenden Mimik der Fahrzeuglenker haben wir uns wieder einige Feinde geschaffen. Was soll's, immerhin haben unsere Geparde wieder ihre Ruhe.

Der Tag ist heiß. Da weit und breit keine Gazelle zu sehen ist, döst die Familie bis zum Abend in Katzenmanier. Den Fundis ist der Vorzug des Autos noch immer geläufig. Es ist mittlerweile etwas schwierig für sie geworden, darunterzukriechen. Sie veranstalten einen höllischen Lärm, bis sie schließlich einen geeigneten Schlafplatz gefunden haben. Die Mutter hingegen verkriecht sich so gut es geht im Gras. Die Sonne macht ihr kräftig zu schaffen.

Als am Abend einige Wolken für schattige Atmosphäre sorgen, zieht die Familie los. Der Wille zu jagen ist nicht absolut. Zwei Gazellen entdecken die im Rücken der Mutter munter spielenden „Halbstarken" zu früh. Die Gepardin verschwendet keine Energie. Nach dem Motto: „Wer nicht hören will muß fühlen", sucht sie sich einen Ruheplatz. Jeder hat schließlich sein eigenes „Revier", von wo aus er die untergehende Sonne genießt. Ich krieche mit meiner Kamera von Fundi zu Fundi: friedlich schlafende Teenie-Gesichter. In der Nacht machen wir uns auf den Heimweg. Der Vollmond weist uns den Weg.

▲ Auf der Suche nach Beute zieht der Familientroß weit durch die Ebenen. Die Jungen sind mittlerweile kräftiger geworden, und so werden die täglichen Wegstrecken länger und länger.

Leben und Überleben

Das erste Licht des Tages setzt faszinierende Wolkenbilder über endlosen Grasebenen in Szene. Tagtäglich neue Motive, die alle ihren Reiz haben. So kann man der Serengeti nicht einmal böse sein, wenn das Wetter mal nicht so gut ist.

Während ich mich im Auto präpariere, warten drei spielwitzige Geparde vor meiner Tür. Ich beeile mich ja schon. Beim Öffnen der Tür fällt mir dummerweise der Knieschützer herunter. Schwupp – mit unglaublicher Geschwindigkeit schnellen die Tatzen vor. Einer gewinnt und macht sich mit der Beute aus dem Staub. Die Geschwister holen schnell auf. Die Mutter ist auch an dem sonderbaren schwarzen Gegenstand interessiert. Sie

► „Titan“ verschwindet fast vollständig hinter dem Grasbüschel.

▲ Der Jäger lauert ...

spielt mit. Alles sieht so leicht und unbeschwert am Gepardenspiel aus. Sie fliegen geradezu über die Ebene. Ich komme mir dagegen richtig behindert vor. Immerhin gebe ich mir alle Mühe, im Eiltempo hinterherzukriechen. Die Fundis wissen Bescheid: der Typ will sein Ding wiederhaben. Ich stürze mich auf die Meute, die sich kräftig darum zankt. Im Seitwärtssprung nimmt eine der Katzen den Knieschützer mit. Gerade bekomme ich sie noch am Schwanz zu fassen. Ich hechte beherzt nach dem schwarzen Ding. Ein lustiges Tauziehen beginnt, aus dem ich als Sieger hervorgehe.

Von Zeit zu Zeit unternimmt die Gepardin einen kleinen Ausflug. Offensichtlich ist nichts in der näheren Umgebung, was die Mühe der Jagd lohnen würde, denn sie kommt immer wieder schnell zurück und spielt lieber mit uns. Einmal versucht sie sogar, mir den Knieschützer wieder abzuluchsen. Als ich ihr zu verstehen gebe, daß ich höllisch darauf aufpasse, versucht sie es mit „Von-Hinten-Anschleichen“. Während die Fundis mich von vorne ablenken, beißt sie hinten in meine Jacke und zieht. Ich drehe mich hurtig um, streiche ihr über den Hals und sie beißt mir zögerlich in den Arm. Wir sitzen beieinander und bewundern gegenseitig unsere so verschiedenen Augen.

Auf der Suche nach Gazellen zieht der Familientroß weit verstreut durch die Steppe. Voran die Mutter, dahinter die Jungen, eher unwillig und doch immer zu einem Spaß bereit. Die ständig umhertollenden Kinder erschweren der Mutter die Jagd sichtlich. Welche Engelsgeduld!

Das Spiel der Fundis nimmt langsam Formen an. Der Letzte ist Jäger, die anderen Gazellen. Titan winkelt die Beine geschickt an. Rücken und Kopf bilden eine gerade Linie. Er ist völlig reglos. Sein Blick ist auf eines seiner Geschwister geheftet. Die „gefleckte Gazelle" hat ihren Blick abgewendet. Das ist die Chance. In Sekundenschnelle legt er die nächsten vier bis fünf Meter zurück. Ein Grasbüschel dient als Deckung. Titan legt sich nieder und verschwindet fast vollständig dahinter. Da, die nächste Gelegenheit, drei, vier, fünf Meter – plumps. Nunmehr ist die Distanz endlich günstig. Der Jäger lauert mit angewinkelten Beinen. Jeder Muskel ist angespannt. Immer wieder zuckt er in höchster Aufregung zusammen. Eine erneute Unaufmerksamkeit der vermeintlichen Beute. Titan schnellt nach oben, hält kurz inne und los geht die Jagd. Vier Fundis hetzen sich über die Ebene. Eine Staub

Verhaltensweisen, die sich im späteren Leben gegenseitig ausschließen (z. B. sexuelles Verhalten, Beutefangverhalten), können im Spiel frei kombiniert werden. Im Gegensatz zu den Fluchtspielen der Pflanzenfresser, ist immer der Verfolger der eifrigere, indem er den anderen einzuholen und symbolisch zu töten versucht. Zu aggressive Handlungen werden durch Schmerzlaute gehemmt, was übrigens auch für mich sehr wichtig ist.
Das Spiel wird sofort beendet, sobald sich das „entspannte Feld" (= keine Gefahr) aufhebt und Ernstbezüge auftreten, wie beispielsweise eine anstehende Jagd.

▼ ▼ „Attila" hat einen Vogel erbeutet und bringt ihn vor seinen Geschwistern in Sicherheit.

wolke nach der anderen steigt auf. Die Mutter schaut liebevoll zu ihren munteren Sprößlingen hinüber. Trotz alledem, wie soll sie so unbemerkt an eine Gazelle herankommen? Die Wege werden länger. So wird uns unweigerlich klar, daß ein Verfolgen der Familie zunehmend schwerer wird.

Am Abend stöbert die Mutter schließlich doch noch eine Gazelle auf, nachdem sämtliche Jagdversuche fehlgeschlagen sind. Eigentlich hat sie es auf ein Gazellenpaar abgesehen. Sie pirscht sich hinter einem

Erdhügel heran. Doch als sie schließlich über den Hügel hinwegschaut, ist das erhoffte Abendessen längst über alle Berge. So macht sie unvermittelt kehrt, beschleunigt und verschwindet in der Steppe.

Nach gut und gerne zehn Startversuchen springt das Auto an. Wir hetzen hinterher, überholen sogar noch auf halben Weg die Fundis. Die Mutter hat eine verzweifelt zappelnde junge Gazelle im Maul. Wir begreifen: Lehrstunde ist angesagt. Sobald ihre Kinder nahe genug herbeigeeilt sind, läßt sie los. Die Gazelle flieht, die Fundis sind ihr auf den Fersen. Die vier Jungjäger müssen sich sichtlich anstrengen, während die Mutter mit überraschender Leichtigkeit an deren Seite mitrennt, stets darauf achtend, daß die Gazelle auch nicht entkommt. Ich erinnere mich an den ersten Jagdversuch vor drei Monaten. Seitdem haben die Geparde dazugelernt. Nach fünfzig Metern wird die Gazelle erstmals heftig mit den scharfen Tatzen malträtiert. Sie wirft sich von einer Seite auf die andere, entwischt in höchster Not einem beherzten Genickbiß, stolpert einige Meter vor sich hin, um in sicherem Lauf zu enteilen. Wenige Augenblicke halten die jungen Geparde verdutzt inne. Genug, damit die Gazelle einen beachtlichen Abstand zu ihren Verfolgern herstellt.

◄ ▲ Die jungen Geparde haben ihre Jagdtechnik bereits enorm verbessert. Immerhin sind sie bereits in der Lage, die neugeborene Thomsongazelle gezielt zu Fall zu bringen.

Staubfahnen malen Kreise und Kurven auf die öde Ebene. Ein Kunstwerk mit einem Verlierer am Ende der plastischen Linie. Die Todgeweihte gibt auf. Die Mutter war eine gute Lehrmeisterin. Just eine halbe Minute, und die Klageschreie der Gazelle verstummen.

Die kleine Mahlzeit war aber bei weitem nicht genug. Die Mutter wandert noch immer, sucht mal nach rechts, mal nach links. In ihrem Rücken jagen ihre Sprößlinge schlicht und ergreifend alles, was ihnen über den Weg läuft: Füchse flüchten ängstlich bellend und erreichen im letzten Moment noch ihren sicheren Bau. Auch für die zahlreichen Kaninchen ist die Erdbehausung eine echte Lebensversicherung.

Der Gepard ist im Prinzip der geborene Jäger. Der Jagdinstinkt und die Elemente, die schließlich zum Jagderfolg führen, sind angeborene Verhaltensweisen. Sie müssen allerdings in der Entwicklung enorm vollkommnet werden.

Die Konturen der Gepardenfamilie verschwimmen im Fernglas. Am Ende ist alles eine einzige dunkle Masse. Wir sehen uns nicht mehr imstande, ihnen zu folgen. Zudem ist der Himmel bewölkt und kein Mond zu sehen. Auf der Fahrt zurück zum Lager treffen wir Ranger. Eine Menge Erlebnisse werden untereinander ausgetauscht. Bevor wir uns verabschieden, erzählen sie uns, daß sie jetzt noch Patrouille um die Simba Kopjes fahren werden. Ich habe kein gutes Gefühl dabei, zumal ich vermute, daß sie ihre Scheinwerfer nicht ausmachen werden. Die Gepardin ist nach wie vor sehr scheu gegenüber Autos. Scheinwerferlicht wird sie sehr übel nehmen.

Ich sitze im Camp. Meine Gedanken sind allerdings fünfzig Kilometer weiter in der Steppe. Die Bewölkung am Himmel lockert auf und der heftige

Geparde beschleunigen mit einer faszinierenden Leichtigkeit. Mit einer Spitzengeschwindigkeit von nahezu 120 km/h sind sie die schnellsten Säugetiere der Erde.

Besonders intensiv muß der Einsatz des Schwanzes beim Spurt trainiert werden. Er dient sozusagen als Lenkruder und ermöglicht es den Geparden bei gekonntem Einsatz enge Kurven selbst aus vollem Lauf noch zu meistern. Häufig gelingt es nämlich den Gazellen sich zu retten, indem sie mehrfach plötzlich scharfe Wendungen vollführen. Einem erfahrenen Jäger können diese Manöver kaum die Jagd vereiteln.

▲ **Die Geparde wandern nun immer öfter auch bei Nacht.**

Wind vertreibt die letzten Wolkenfetzen. Wir haben Vollmond, Sonne in der Nacht. Die Büsche am Rande des Lagers hinterlassen filigrangegliederte Schattenbilder. Um die Zelte herum herrscht reges Leben. Unweit wird ein Löwenrudel aktiv. Die Rudelmitglieder verständigen sich untereinander. Die Nacht ist wie gemacht für eine erfolgreiche Jagd. Auch die Zebras wissen darum. Ihre Warnlaute wirken besorgt. So erzählen Serengetinächte Geschichten vom Leben und Überleben und zuweilen vom Tod.

Und wieder auf Suche

Als wir am nächsten Morgen die Simba Kopjes erreichen, liegt noch immer das silbrig kalte Licht des Mondes auf der Steppe. Vom Tageslicht ist weit und breit keine Spur. Im Schrittempo nähern wir uns dem vermeintlichen Schlafplatz der Familie und warten. Es wird heller und heller, schließlich so hell, daß wir problemlos das Grasland im weiten Umkreis überblicken können. Wir erkennen jedes Detail, nur die Geparde sind nicht zu sehen.

Wir beginnen kreisförmig zu suchen. Bald kommt uns die Sonne zu Hilfe. Das sonst so faszinierende goldene Licht bereitet uns heute wenig Freude. Inzwischen suchen wir bereits eine Stunde und bis dato weigern wir uns noch, unsere Befürchtungen zu diskutieren. Die Kreise werden größer und größer, zur Mittagszeit verlassen wir gar schon das keineswegs kleine Gebiet der Simba Kopjes. Wenn ich auf die Motorhaube oder das Autodach steige, um mit dem Fernglas die weitere Umgebung abzusuchen, liegen die riesigen Kopjes da wie kleine Spielzeuge. Tobias' anfänglicher Optimismus verfliegt, mein „nothing (nichts)“ verkommt zu einem enttäuschten Aufstöhnen, sobald ich vom Auto springe. Das Mittagspicknick verläuft wortlos. Wir versuchen, das Ernährungsritual sozusagen schnellstmöglich hinter uns zu bringen.

„Ich vermute, die Geparde sind von den Rangern gestern abend aufgescheucht worden und die ganze Nacht im Mondlicht gewandert,“ gebe ich zu verstehen. „Das glaube ich auch,“ bricht Tobias sein Schweigen.

Mittlerweile sind die Gepardenjungen über neun Monate alt, also gestandende Jugendliche. Sie gleichen in Größe und Statur immer mehr der Mutter. Außerdem braucht eine fünfköpfige Gepardenfamilie eine Menge Nahrung. Generell ist der Gepard eben zu alledem ein Jäger der Steppe, der seine Beute sucht und dabei oft lange Wege geht. Es ist nun die Zeit gekommen, da der Gepardennachwuchs dies alles lernen muß. Die gerade vergangenen Tage waren ein Vorgeschmack. Spielen ist mehr und mehr eine Begleitaktivität auf den Wanderungen. Für mich heißt das ebenfalls umdenken – sowohl als Fotograf, als auch als Mitglied der Familie. Vielleicht ist das der Familie Folgen bald gar nicht mehr möglich und ein endgültiger Abschied unumgänglich?

Tobias ist in ein von Gras überwuchertes Hyänenloch gefahren. Das Auto schlägt hart auf und befreit mich von wehmütigen Gedanken. Es ist wohl eine Mischung aus Angst um die Geparde und Ermüdung. Seit Stunden haften meine Blicke auf den abertausenden Grashalmen, die den Teppich der scheinbar unendlichen Weite der Serengeti bilden.

Wenn immer uns irgend etwas auffällt, was auch in entferntester Art und Weise ein Gepard sein könnte, tritt mein Begleiter hektisch auf die Bremse. Gleichzeitig stürzen wir aus dem Auto und erklimmen das Autodach. „Wieviele Geparde?“ lautet meine sarkastische Standardfrage. Tobias grinst frustriert: „Und du?“ „Let's go,“ (laß uns weitersuchen) peitsche ich den Fahrer an.

Der Koch im Lager weiß um unsere Seelenlage. Am Abend gibt es Erdnußsuppe und überhaupt ein Festessen. Ich esse soviel, daß ich in der Nacht kaum schlafen kann. Vielmehr versuche ich mich immer wieder in die Lage der Geparde hineinzuversetzen. Der Vollmond in allen Ehren, nie und nimmer würden Geparde bei Nacht in ein vollkommen neues Gebiet wandern. Die Gepardenkinder sind im Süden der Serengeti am Naabi-Hügel zur Welt gekommen. Von dort aus hat sie die Mutter zu den rund zwanzig Kilometer nördlich gelegenen Simba Kopjes geführt. Dort oder in deren Umgebung leben sie nunmehr seit Juni, also mehr als sechs Monate. Des weiteren erinnere ich mich an alle Gepflogenheiten und Vorlieben der Katzenfamilie.

Am Morgen diskutieren wir im Schein des Lagerfeuers meine nächtlichen Gedanken und bisherigen Erfahrungen. Wir erarbeiten danach einen Strategieplan und brechen schließlich auf.

Die Regenzeit beginnt nun ohne Erbarmen auch westlich des Rift Valleys. Am Nachmittag braut sich das erste Gewitter über dem

Serengeti-Nationalpark zusammen. Die Winde verlaufen gegenseitig. So türmen sich feine zartgraue Wolken behende übereinander. Das Wolkengewirr verdunkelt sich und wird am Ende zu einer dunkelen, blaugrauen Masse. Bedrohlich schwer lastet sie auf der Steppe.

Ohne Sonnenlicht wird das Suchen doppelt schwer. Die Kontraste in dem eintönigen Grasteppich gehen beinahe vollends verloren. Andererseits haben wir die Hoffnung, daß die Geparde die Abkühlung nutzen und das schattenspendende Gras verlassen.

Die Überlegung erübrigt sich. Als das Unwetter losbricht, verwandelt sich die afrikanische Steppe in nebliges, feuchtkaltes „schottisches Hochland". Es regnet nicht, es schüttet. Wir können höchstens noch dreißig Meter weit sehen. Binnen kürzester Zeit bilden sich in den Rinnen und Senken des Landes kleine Flüßchen und beachtliche Seen. Wir haben uns in der endlosen Steppe verloren. Jeglicher Orientierungsinn ist dahin. Kein Anhaltspunkt, statt dessen unpassierbares Gelände. Tobias verrichtet Schwerstarbeit im „Cockpit". Er reißt das Lenkrad hin und her, tanzt auf den Pedalen. Zuweilen droht das Auto zu kippen: Rückwärtsgang rein, rauf aufs Gaspedal – zumindest stehen wir noch auf allen vier Rädern. Mehr ist nicht zu erwarten.

Okay, wir geben auf. Den Weg zurück ins Lager schaffen wir sowieso nicht mehr. Am Ende entscheiden wir uns gar für die falsche Richtung und alles wird noch viel schlimmer.

▼ ► Es ist Ende November. Die kleine Regenzeit hat im Serengetinationalpark begonnen.

Zwar wachen wir in der Nacht öfters auf, weil die Schlafstellungen im Auto nicht unbedingt bequem sind, aber dafür können wir am darauffolgenden Tag, ohne lange Anfahrtswege in Kauf nehmen zu müssen, weitersuchen.

Hoffnung und Verzweiflung

28. November – die Tage vergehen frustrierend. Zwischenzeitlich sitzen wir nur noch schweigend nebeneinander im Auto. Der eine starrt nach links, der andere nach rechts – stundenlang. Wir suchen mittlerweile im Gebiet der Gol Kopjes: ein bezauberndes Stück Land. Wellenförmige Täler und Anhöhen. Die Kopjes sind flach, haben kaum ausgeprägte Spitzen, eher fließende Plateaus. Fast möchte man die Landschaft sanft streicheln, so harmonisch liegt sie da.

Das mit dem Streicheln lassen wir sein. Wir einigen uns vielmehr darauf, das Gebiet systematisch zu durchkämmen. Unser Verdacht, die Katzenfamilie könnte sich hier aufhalten, hat sich in den letzten Tagen nämlich erhärtet. Auf einem der letzten Kopjes, das wir umrunden, finden wir schließlich ein höchstens vier Wochen altes Löwenbaby. Es ist mit seiner Mutter dort ganz allein.

Am darauffolgenden Tag patrouillieren wir um die Moro Kopjes, eine gehörige Wegstrecke südwestlich der Simba Kopjes. Wir würden dort niemals unsere Familie vermuten, aber in unserer Verzweiflung versuchen wir alles, und sei es noch so abwegig. Ganz unbewußt dringen wir dabei in ein Gebiet vor, in dem wieder Nashörner leben. Nach kurzer Zeit werden wir

von Rangern aufgehalten. Ein zweiter dunkelgrüner Land Rover rollt heran. Er gleicht einem tiefergelegten Manta unter den Geländefahrzeugen. Ein betont lässig angewinkelter Arm lugt zum Beifahrerfenster heraus. Ich weiß gleich Bescheid: Hier kommt der Moro-Ranger Boß mit seinem Chauffeur. Wir kennen uns bestens.

„Jambo!“ (Hallo) rufe ich lachend. Mein Gegenüber macht auf beleidigten „Rambo“. Er trägt trotz bewölktem Himmel eine Sonnenbrille und kaut provokativ Kaugummi – eine Noblesse der Wildnis. Ganz klar, er will Kohle haben. Gut fünf Minuten schreien wir uns gegenseitig an. Pech des „Rambos“, er kann kaum Englisch. Letztendlich einigen wir uns darauf, daß ich Minister der Europäischen Union bin und ihm empfindlich gefährlich werden kann, wenn ich mich offiziell über ihn beschwere. Tobias hingegen

◀ **Die Gepardenfamilie beobachtet Hyänen, die in der Ferne vorbeiziehen. Ich habe das Gefühl, sie haben beim Anblick der Aasfresser etwas Verächtliches in ihrem Gesichtsausdruck. Die Gepardenkinder sind mit gut neun Monaten alt genug, um nicht mehr vor Hyänen flüchten zu müssen.**

steckt ihm vorsichtshalber lieber noch 30 000 Tansaniaschillinge (ca. 90 ,– DM) zu. Dummerweise bekomme ich den Handel mit.

„Ich möchte dein Gesicht hier nicht mehr sehen, ansonsten verlierst du deinen Job wegen Korruption," fauche ich den Ranger an und verabschiede mich. „Rambo" ist verärgert. Von uns kann er kein Geld mehr erwarten. Die Begegnung schafft mir Freiräume. In der nächsten Zeit ist meine „offroad" Sondergenehmigung wie vorgesehen auch hier gültig. Er hat verloren. Leider ist Korruption in Tansania überall an der Tagesordnung. Offizielle Genehmigungen sind nur dann etwas Wert, wenn man auch genügend Geldscheine mit sich führt.

Ich sehe keine Chance mehr, die Geparde zu finden. So bereite ich meine Abreise vor. Per Funk versuche ich, aus der Serengeti mit meinem Freund Shakir in Arusha zu telefonieren. Es pfeift, quietscht und rauscht entsetzlich. „Ich kann die Geparde nicht finden. Bitte buche mir für den nächsten

Ich versuche, mich so gepardenmäßig wie möglich zu geben (oben und Mitte). Wenn die Jungen mich zur „Beute" machen, versuchen sie manchmal, mir auf den Rücken zu springen und mich zu beißen, oder sie schlagen nach mir, als ob sie eine Gazelle zu Fall bringen wollen. Dabei besteht eine sehr hohe Verletzungsgefahr, da die Krallen und das Gebiß überaus scharf sind. Die Gepardin hat eine Gruppe Gazellen entdeckt (unten). Wir sitzen gespannt im Gras und hoffen auf den Jagderfolg.

Dienstag einen Flug, o.k.?" brülle ich in das Mikrofon, als ich das Gefühl habe, daß eine Verbindung zustande gekommen ist.

Ich wiederhole meine Nachricht wohl ein Dutzend male, immer lauter, immer langsamer. Schließlich glaube ich am anderen Ende zufriedene, zustimmende Grunz- und Quietschlaute zu vernehmen. Meine Botschaft scheint angekommen zu sein.

Aus Kindern werden Leute

Als wir am 30. November um sechs Uhr frühmorgens die Randgebiete von Seronera absuchen, sind wir eigentlich in Gedanken schon auf dem Nachhauseweg. Wir haben uns entschlossen, heute einen Ranger mitzunehmen. Zwei Augen mehr können nicht schaden. Wir streifen durch die Steppe in Richtung Moro Kopjes. Jeder hängt mehr oder weniger zu seinem Fenster heraus und starrt wortlos in die Ferne. Nur wenn wieder eines der zahlreichen Flüßchen, die die Regenfälle der vergangenen Tage gebildet haben, uns den Weiterweg erschwert, kommt fragmentartige Unterhaltung auf.

Monotones Motorengeräusch, das Auto rollt so vor sich hin, im Schritttempo, zahlreiche Kurven, über Kurzgrasland wieder nördlich in den Westteil der Simba Kopjes. Wir umrunden einige Felsenhügel und erklimmen auf der anderen Seite eine Anhöhe. Zuallererst stockt uns der Atem, dann sitzen wir plötzlich alle in einer Reihe. Ich gewinne den Wettstreit um das einzige Fernglas an Bord. „Eins, zwei, drei, vier, fünf!"

„Moja, bili, tano, ine tatu!" triumphieren meine Begleiter. Höchstens zehn Kilometer von dem Ort entfernt, an dem wir die Familie zum letzten Mal verlassen haben, liegen die fünf Geparde gesund und munter und zu alledem kugelrund vom eben eingenommenen Mahl! Wir können es nicht fassen! Irgendwie habe ich das Gefühl, die Geparde wollten mich an der Nase herumführen. Alle fünfe schauen mich seelenruhig an. Ihre Blicke sind, als

wollten sie sagen: „Ganz schön lange gebraucht, uns zu finden, Kumpel." Ich stecke die Niederlage weg. Hauptsache ist, wir sind wieder zusammen.

Wenn es mir zu bunt wird, fauche ich (oben) oder äußere Schmerzlaute und gebe mich beleidigt. Dann sind sie vorsichtiger, und ich kann mit ihnen sogar mit ungeschützten Händen spielen (unten).

Den Rest des Tages verbringen wir auf bzw. um einen Erdhügel. Die Mutter nutzt ihn ab und zu als Aussichtskanzel. Ansonsten schlafen alle inklusive meinem Fahrer und dem Ranger. Ich hingegen bin hellwach. Zu lange habe ich die faszinierenden Katzen vermißt. Am Abend entschädigt uns ein wundervoller Sonnenuntergang nebst hervorragendem Fotolicht für alle Strapazen. Ich habe mich mit der Serengeti wieder versöhnt. Und als ich das Shakir via Funk in Arusha mitteile, ist die Welt in Tansania wieder in Ordnung.

Die Lageratmosphäre ist großartig. Alle Safarifahrer, selbst der Ranger, der das Campgelände kontrolliert, gratulieren uns. Zum Abendessen bleibt kaum Zeit. Tobias liegt unter dem Auto und repariert einige Kleinigkeiten. Obendrüber wühle ich mich durch meine Ausrüstung und bringe jegliches optisches Gerät auf Hochglanz.

Am nächsten Morgen laufen wir zu großer Form auf. Wir benötigen nicht einmal einen Wecker, um pünktlich um 4.15 Uhr vor dem Zelt zu stehen. Es läuft alles so perfekt ab, daß wir schließlich viel zu früh in

den Simba Kopjes ankommen. Lediglich ein schwacher Silberstreifen am Horizont läßt erkennen, daß der Tag angebrochen ist. Sobald die Chance besteht, einigermaßen gute Fotos zu schießen, dringen wir im Schrittempo zu den Geparden vor. Diese sind längst munter. Die Gepardin nutzt die rundum aufgeschütteten Erdwälle, um nach etwas Eßbarem zu spähen. Emsig eilt sie von der einen zur anderen Seite, eine grazile Silhouette gegen den warmen Morgenhimmel. Die Jungen tollen indes in der Senke zwischen den Wällen. Ich geselle mich dazu.

Offensichtlich ist es um eine Mahlzeit am frühen Morgen schlecht bestellt. Wenn die Mutter vorbeikommt, schnaubt sie unzufrieden.

Endlich lugen die ersten Sonnenstrahlen über die Hügel. Das warme Licht läßt die Gepardengesichter so unendlich viel vorwitziger erstrahlen. Ich fotografiere mich in einen wahren Rausch. In meiner Jackentasche habe ich immerhin gut zwanzig Filme deponiert. Also, kein Grund zum Sparen.

Erst das Familienleben holt mich auf den Boden der Tatsachen zurück. Nachdem die Mutter in keiner Himmelsrichtung Gazellen ausfindig machen konnte, geht sie auf Wanderschaft. Die Jungen folgen unwillig, noch unwilliger allerdings der zweibeinige Gepard. Das Tempo der Streifzüge hat zugenommen. Allein auf allen Vieren habe ich keine Chance lange zu folgen. Ich eigne mir deshalb eine neue Technik an. Wenn die Geparde mich im Visier haben, robbe und krabbele ich, was mein langsam alternder Körper eben so hergibt, auf Armen und Beinen. Bin ich allzuweit hinten an, laufe ich im Eilschritt geduckt mit angewinkelten Beinen und herabhängenden Armen.

Nach ein oder zwei Kilometern tauchen endlich Thomsongazellen auf. Leider eine zu große Gruppe. Zu viele Augen und zu wenig Deckung für die Jägerin. So versucht es die erfahrene Gepardin nur halbherzig. Gut so! Die Gazellen sehen ohnehin die im Gras tollenden Gepardenkinder. Sie sind vorgewarnt und die Gepardin vergeudet zumindest keine kostbare Energie.

◄ ► Die Fundis sind mittlerweile so jagdlustig, daß sie alles jagen, was da kreucht und fleucht – sogar Zebras: Sowohl die Zebras als auch die Gepardenmutter sind fassungslos.

Ich spiele mit den Fundis, die Fundis mit mir und der Gepardin. Tobias sitzt im Auto und fotografiert und überhaupt sind alle glücklich an einem solchen Tag. Die heißen Stunden verbringt die Familie wieder einmal im Schatten des Land Rovers. Gazellen, die sich zu nahe an uns heranwagen, bekommen einen gehörigen Schrecken eingejagt. Gegen Abend kommt eine nicht nur mit dem Schrecken davon. Ihre Kühnheit muß sie mit dem Leben bezahlen. Die Gepardin nutzt ihre überlegene Schnelligkeit aus. Selbst die lange Jagddistanz und viele scharfe Kurven, die sie mehrfach aus dem Rythmus bringen, verhindern nicht den Erfolg. Die herbeihastenden Fundis machen mit der Beute kurzen Prozeß. Kaum eine halbe Stunde vergeht, da sind sie wieder allein in der Steppe. Die Gazelle hat sich scheinbar in Luft aufgelöst. Sogar die Geier haben sich wieder verzogen. Offensichtlich haben sie erkannt: Hier ist nichts mehr zu holen.

Wir verfolgen die Katzenfamilie am Abend, bis sie für uns unsichtbar in der Nacht verschwindet. Das ist Schwerstarbeit, zahlt sich aber am nächsten Morgen aus. Als Belohnung erlebe ich nämlich tags darauf einen wunderschönen Sonnenaufgang gemeinsam mit meinen Lieblingen.

Dione wälzt sich vor mir im Gras. Sie fühlt sich pudelwohl, gurrt und schnurrt. Ihre Tatzen fuchteln in den Himmel: „Spiel mit mir!" Ich kraule sie am Bauch, ziehe am Schwanz und greife sie am Hinterkopf, ganz so wie es ihre Geschwister beim Jagdspiel tun. Sie gibt sich alle Mühe, ihre Krallen möglichst weit einzuziehen. Ein paar mal trifft sie mich an der Hand, aber ohne mich ernsthaft zu verletzen. Nur als sie einmal versucht, meine Knieschützer zu ergattern, dringt eine Kralle durch die Hose. „Sorry", sie hält meine Hand mit beiden Vordertatzen und kaut zärtlich darauf herum.

▲ „Harakarakarak“
Ölgemälde auf Leinwand
120 x 100 cm.

Überhaupt ist heute wohl Frauenpowertag. Dione ärgert ihre Brüder bis zur Weißglut. Sie springt ihnen auf den Rücken und beißt sie hartnäckig ins Genick. Manchmal zieht sie sie so heftig an den Ohren, daß die Geschwister schmerzvoll und ärgerlich gurren. Am Ende bekommt sie eine „Tracht Prügel.“ Drei gegen eine, sie ist im Schwitzkasten. Gemein!

Die Fundis sind in höchster Jagdlust. Ihre Mutter vermag sie nicht in den Griff zu bekommen. Am Horizont taucht eine große Zebraherde auf. Und die Tolpatsche halten schnurstracksgerade darauf zu. Wie die Mutter, mit gesenktem Kopf, der Rücken gerade wie ein Strich. Schauen die Zebras weg, machen sie mindestens dreißig Meter Boden gut. Auf diese Art und Weise kommen sie schnell näher. Längst haben die Zebras sie gesehen, aber das tut der Jagdlust keinen Abbruch. Attila an der Spitze bläst zum Angriff. In der Ebene herrscht Chaos. Die Zebras stieben auseinander. Große Staubwolken ordnen wir den Zebras zu, die kleineren den Fundis. Ab und zu sehen wir, wie ein Gepard einem gestreiften Wildpferd nahe auf den Fersen ist. Die Mutter schaut nur fassungslos zu. In aller Gemütsruhe sucht sie sich ein schattiges Plätzchen für den Tag. Ihre Zöglinge kommen später nach – fix und fertig, mit herunterhängendem Kopf und weit geöffnetem Maul. Sie schnaufen, als hätten sie einen Asthmaanfall erlitten. Es raschelt kurz, dann sind die Heimkehrer für Stunden im Gras verschwunden.

Mal nach links, mal nach rechts, mal vorwärts, dann wieder zurück und schließlich doch wieder auf dem gleichen Fleck Erde. Gazellen gibt es genug. Solange die Fundis jedoch alles jagen, was ihnen in die Quere läuft oder gar fliegt, haben die Jagdanstrengungen der Mutter keinen Erfolg. So vergeht ein Tag – nichts zu essen, ein zweiter Tag – wieder nichts. Am dritten Tag schließlich werden die Gepardenkinder wieder folgsamer. Ich denke, sie haben gelernt, daß Zebras zu jagen keinen Sinn macht. Sie sind zu groß, und Energieverschwendung ist es obendrein. Sobald die Mutter eine aussichtsreiche Position erlangt hat, um eine Gazelle zur Strecke zu bringen, sitzen die Viere also wieder brav im Gras. Pech nur, daß es an diesem Tag nur Gazellen in Kurzgrasgebieten gibt. Die Mutter entscheidet, lieber nicht zu jagen. Ihre Energiereserven sind in den vergangenen Tagen beträchtlich geschwunden. Sorgfältiges Abwägen ist daher angebracht.

Es wird schon dunkel. Für uns ist die Sache klar: Wieder ein Tag ohne Nahrung, es wird langsam kritisch. Wir folgen den unablässig wandernden Katzengestalten durch die düstere Steppe – eine wahrlich geisterhafte Stimmung. Unseren eigenen Weg sehen wir kaum noch. Ganz unvermittelt kommt Bewegung in das Szenario. Die Schatten scheinen mit einem Male davonzuschweben. Immer schneller und schneller. Tobias hat größte Mühe dranzubleiben. Er lenkt den Wagen in wilden Kurven über die Steppe. Wir werden kräftig durchgeschüttelt. Das Auto ist ein „Pferd". Es rettet sich mit gewaltigen Bocksprüngen aus jedem Loch.

▼ „Towabu"
Ölgemälde auf Leinwand
120 x 100 cm.

Schließlich kehrt Ruhe ein. Wir halten an, und ich öffne alle Fenster. Ich glaube, die weißen Unterseiten der Geparde zu sehen. Minutenlang horche ich angestrengt. Dann höre ich Schmatzlaute. Kurz darauf beginnen die Fundis zu streiten. Die Mutter hat in der Finsternis gejagt! Kaum später verschwinden die letzten optischen Anhaltspunkte für eine Gepardenfamilie. Wir lauschen angestrengt den Essensgeräuschen der Familie. Eine geheimnisvolle Nacht in den weiten Steppen der Serengeti. Nachdem die Geparde ihr Mahl beendet haben – zumindest soweit wir es akustisch nachvollziehen können, ziehen wir von dannen. Wir fahren im Schrittempo. Irgendwelchen Vertiefungen oder Schlaglöchern können wir aus eigener Kraft nicht ausweichen. Die Heimkehr wird ein unendliches Russisches Roulettespiel. Zu seinem Ausgang nur soviel: Im Lager angekommen müssen wir feststellen, daß zwei Stoßdämpfer gebrochen sind. Alles klar?

Streifzüge

Die Zeit zieht durchs Land und mit ihr die Geparde. Am 7. Dezember verlassen wir wieder einmal die Simba Kopjes. Schnell wird mir klar, wohin es geht: in das Tal, in dem ich sie im September zurücklassen mußte.

Ich sitze mit meiner Familie im Gras zusammen. Wir dösen so vor uns hin. Es ist sehr heiß. Was gibt es da besseres zu tun? Bisweilen sorgt ein Lufthauch, der vom fernen Ngorongorokratermassiv herüberweht, für ein bißchen Abkühlung. Die Fundis lassen den Unterkiefer hängen und atmen

▲ „Mahlzeit!“ Es ist ein berauschendes Gefühl mit den hastig fressenden, schmatzenden Raubkatzen zu „dinieren“. Mittlerweile ist die Familie ein perfekt eingespieltes Team. Abwechselnd übernehmen ein oder zwei der Katzen (und natürlich auch ich) die Wachfunktion.

► „Attila“ genießt die ersten Sonnenstrahlen.

▲ Spielerische Simulation der Kopulation.

▲ ► Kampfspiele.

schnell hechelnd. Ich bin gerade ein klein wenig eingenickt, als mich ein entsetzliches Brüllen aufschreckt. Binnen Sekunden sind die Geparde auf den Beinen, mit hängendem Kopf und angstvoll fixierendem Blick. Ich sitze ebenfalls auf allen Vieren. Wir sind von einem Rudel Löwen umzingelt. Meine Blicke jagen durch die Runde. Es bietet sich kein denkbarer Ausweg.

Wo ist der Land Rover? Voller Entsetzen stelle ich fest, er ist weg! Die Mutter gurrt aufgeregt. Nie habe ich sie so gurren hören. Die Fundis fangen an erbärmlich zu piepsen. Ruckartig drehen sie sich im Kreis, stets die Beine angewinkelt. Möglicherweise bietet sich doch noch eine Möglichkeit zur Flucht.

Keine Chance, die Löwen kommen näher. Der Kreis schließt sich. Wir wissen nicht mehr weiter und greifen kopflos an. Mit meinem Einbeinstativ in der Hand stürze ich auf die Löwen los. Die weichen kurz zur Seite, zum Sprung bereit. Die Tatzen schnellen nach vorne. Sie brüllen laut auf ....

Ich wache auf. Hastig taste ich um mich und bin froh, daß ich die Zeltwand zu fassen bekomme. Ein Afrikaphänomen – ich bin nicht nur den ganzen Tag mit den Geparden zusammen, nein, des öfteren auch im Traum. Draußen klingen die Rufe eines fernen

▲ **„Diana“**

◀ **Die Fundis imitieren ihre Mutter ...**

Löwenrudels durch die Nacht. Ich schaue auf die Uhr – 3.20 Uhr. So entschließe ich mich, bereits aufzustehen. Es ist sehr warm und der Himmel sternenklar. Es macht Spaß, dazusitzen und zu philosophieren an diesem heiligen Ort Serengeti und zu warten, bis Tobias und Thomas aus ihren Zelten kriechen.

Wir kommen im „Gepardental“ an. Vier, fünf Hyänen streifen dort umher. Angesichts dessen sind die Geparde schon auf den Beinen. Insgesamt ist ihre Angst vor den Aasfressern mit dem scharfen Gebiß geringer geworden. Und dennoch, sie hassen Hyänen, so wie mancher Mensch Spinnen oder Schlangen. Erst nachdem sie dem „ekelhaften Viehzeug“ weit genug entflohen sind, haben sie den Kopf frei zum Spielen.

Der Morgen ist wunderschön. Kein Wölkchen ist am Himmel zu sehen. Viel zu schön, um zu jagen. Auch die Mutter genießt es sichtlich, alle ihre Pflichten zu vergessen und ungezwungen umherzutollen. Einmal mehr macht eines der Gepardenkinder einen Ausflug ins Fahrzeuginnere. Zeuge seiner Expedition sind

▶ **... oder spielen einfach.**

Die Gepardin begutachtet von einem Erdhügel aus genauestens das umliegende Areal, bevor sie sich für eine Richtung entscheidet. Zuvor werden die Erdhügel jedoch inspiziert. Möglicherweise findet die Gepardin Duftmarken, eine wichtige Kommunikationsform unter Katzen.

zwei tiefe Risse im Bohnensack, den ich immer als Unterlage beim Fotografieren benutze.

Schließlich sitzen drei Fundis auf der Motorhaube, malträtieren die Windschutzscheibe und zerbeißen die Scheibenwischer. Nachdem der Schaden hoch genug ist, legen sie sich faul ins Gras und schlafen ein. Währenddessen versuchen wir zu reparieren, was noch zu reparieren ist. Tobias biegt an den Scheibenwischern herum, ich nähe den Bohnensack. Dann tun wir es den Geparden gleich. Zu etwas anderem ist man in dieser Hitze wohl kaum fähig.

Allmählich ist es eine tagtägliche Erscheinung. Gegen Abend zieht Bewölkung auf und sorgt für Abkühlung. Für die Gepardenfamilie heißt dies: los geht der Streifzug. Obgleich im Tal unzählige Gazellen grasen, verläßt sie es. Immerhin wird zuvor noch eine junge, wohl kaum eine Woche alte Thomsongazelle erlegt – sozusagen als Wegzehrung. Den Fundis beschert dies überschüssige Kräfte, die sie für das Jagen von ausgewachsenen Warzenschweinen einsetzen. Nur, die sind verdammt schnell. Außerdem flüchten die gerade mal 200 bis 300 Meter, dann drehen sie sich um und jagen ihrerseits die unerfahrenen Katzen in die Flucht. Selbst ein kräftiger

erwachsener Gepard würde nur in den seltensten Fällen ein Warzenschwein jagen.

Die Mutter indes zieht unbeirrt ihres Weges. Ihr Blick schweift voraus. Nichtsdestotrotz ruht stets das wachsame Auge auf dem weit verstreut hinter ihr wandernden Nachwuchs. Ich bilde die Nachhut. Es geht von Erdhügel zu Erdhügel. Erst wird er sorgsam beschnüffelt. Dabei riechen die Geparde mit offenem Maul und gerümpfter Nase, das sogenannte „Flehmen". Ihr Blick ist starr und hochkonzentriert, als ob sie den Geruch auch sehen könnten. Die Mutter an der Spitze des Trosses flehmt sehr intensiv, bevor sie dann wirklich den Erdhügel besteigt, um besseren Überblick zu haben. Ihre Zöglinge tun es ihr gleich, und zwar mit einer geradezu übertriebenen Gründlichkeit. Bei solcherlei Verhalten habe ich am ehesten das Gefühl, daß die jungen Geparde mit großen Schritten auf das Erwachsensein zugehen.

Im weiten Rund ist nichts zu sehen. Schon geht es weiter, weiter und immer weiter. Die Fundis schleichen erschöpft hinterher. Dunkel, dunkler und immer dunkler. Und dazu Regen sowie unweit vor ihnen ein Löwenrudel. Das ist des Guten zuviel. Die Gepardin hat ein Einsehen. Sie macht nach ein paar hundert Meter kehrt und wählt das nächstbeste höhere Gras. Binnen weniger Augenblicke ist die Wanderschar darin verschwunden. Es ist Neumond. So können wir einigermaßen sicher sein, der Familie auch am nächsten Tag folgen zu können, sofern wir früh genug anwesend sind.

Wie einfach das Gepardenleben, wenn man es genau betrachtet, doch ist. Laufen, laufen, bis Beutetiere auftauchen, und dann versuchen zu jagen. Im Falle des Erfolges fressen, und zwar möglichst schnell. Danach an einem schattigen Platz ruhen – im Gras, unter einem Busch oder einem Baum. Der rege Stoffwechsel des Gepardenkörpers sorgt bald dafür, daß neuer Hunger aufkommt. Sodann geht das Ganze von vorne los. Alles ist ein Teil der komplexen Kreisläufe in der Serengeti – eines der faszinierendsten Ökosysteme der Erde. Für viele Wochen war ich Teil eines einzelnen Kreislaufs und dennoch auch Störfaktor zugleich, weil ich ein Auto benutzen mußte und der eine oder andere technische Aufwand unumgänglich war. Die Gepardenkinder sind inzwischen zehneinhalb Monate alt. Sie haben sich bilderbuchmäßig entwickelt, hervorragende Schüler einer Mutter mit erstaunlichem jagdlichem Geschick. Sie sind allesamt stark genug, um erhebliche Wegstrecken locker zurückzulegen. Ihr jagdliches Talent ist bestens. Es ist nur noch eine Frage der nächsten Zeit, wann sie ihre erste Gazelle selbständig erlegen.

Abschied

Die Zeit mit den Geparden war so faszinierend, daß ich keinen einzigen Tag missen möchte. Ginge es nach meinem Herzen, wollte ich ihnen bis ans Ende meiner Tage folgen. Auf der anderen Seite sind es Wildtiere, und genau das sollen sie auch bleiben. Für meinen Geschmack haben sie sich zu sehr auch an unser Auto gewöhnt. Interessant ist allerdings, daß sie gegenüber anderen Fahrzeugen stets sehr schreckhaft sind. Dennoch – ich denke darüber nach, sie für immer zu verlassen.

▲ **Der Scheibenwischer stört – der Fundi reißt ihn ab ...**

Am 16. Dezember ist wieder Tag des Abschieds. Die Serengeti führt uns heute eine ganz seltene Wettervariante vor. In der Nacht gibt es ein stürmisches Gewitter. Die Zelte können den heftigen Regenfällen nicht Stand halten. Gegen halb vier Uhr hält es keiner mehr in seinem „Swimming Pool" aus. „Na, wie war's in deinem Duschzelt?" begrüßen wir uns gegenseitig bissig. Gefrühstückt wird heute im einigermaßen trockenen Auto. Als keine Wetterbesserung in Sicht ist, tuckern wir einfach los, afrikanisch „pole – pole" (langsam – langsam). Am Ende sind wir nichtsdestotrotz zu früh da. Kein Fehler, wie sich nach Verlassen der Hauptpiste herausstellt. Wir haben Mühe, unseren Weg durch die Steppe zwischen den vielen neu entstandenen kleinen Seen, Sümpfen und Flüßchen zu finden.

Wir kommen an. Längst ist es hell. Es regnet nur noch leicht. Die Geparde sitzen zusammengekauert da. Zumindest heitern ihre Gesichter sich ein bißchen auf, sobald sie uns sehen. Ansonsten mögen Geparde solche Tage überhaupt nicht. Oberflächlich lecken sie sich gegenseitig das Naß aus dem Fell. Der erste Fundi steht auf, geht ein paar Schritte, schüttelt erst sich und dann jede Tatze einzeln: „Bää, Sauwetter!" Der Weg führt heute direkt auf die Motorhaube. Schwupp – die Krallen gleiten quietschend über das Blech, bis der Fundi schließlich Halt findet. Es folgt der nächste und ein dritter. Mehr haben dort oben nicht Platz.

◀ **„Diana"**

Eifrig putzen die Zungen die Windschutzscheibe. Die Verwunderung über das Glas hat noch immer nicht nachgelassen. So haut manchmal eine Tatze dagegen. Wenn wir von innen an die Scheibe klopfen, fauchen sie, und versuchen in unsere Finger zu beißen. Das sieht lustig aus.

Der Scheibenwischer stört – das meint ein Fundi. Er beißt verärgert rein und zieht mit aller Gewalt. Wieder wird uns vorgeführt, über welch enorme Kräfte der Gepard verfügt. Wir fuchteln entsetzt mit den Armen, fauchen nach allen Regeln der Kunst, drohen und geifern. Dem Fundi gefällt die Vorstellung. Mit beachtenswerter Leichtigkeit biegt er den Wischer nach außen und reißt ihn inklusive Gelenk ab. An dem Gegenstand selbst findet er keinen Gefallen. Er schmeißt ihn achtlos vom Auto.

Die Gepardin läßt den Kindern heute viel Zeit, bevor sie zur Tagesordnung übergeht und losmarschiert. Wir folgen immer wieder in sorgsam gewählten Abständen. Ein wundervolles Bild! Nach zwei Stunden beschließe ich, es hinter mich zu bringen. „Laß uns hier warten," sage ich, als Tobias wieder den Motor anwerfen will und steige aus.

Ich stehe im Regen. Meine Augen folgen den Tieren nach. Immer öfter muß ich suchen. Viel zu schnell verschwinden sie in der trüben Steppe. Ich bin allein. Und vollends durchnäßt.

Und war es das letzte Mal, so wünsche ich euch alles Glück dieser Welt!

Danksagung

„Leben mit Geparden“ ist letztendlich ein Projekt, das auf viele glückliche und in gewisser Weise vielleicht auch vorbestimmte Umstände zurückzuführen ist. Zuallererst geht deshalb mein Dank an die Gepardenfamilie für die enge geistige Verbundenheit und all die herrlichen Stunden zusammen auf den heiligen Steppenböden der Serengeti.

Und all dies wäre nicht möglich gewesen ohne die tatkräftige Unterstützung meiner Frau Monika. Sie hat stets an das Projekt geglaubt und mich aufgebaut, wenn ich zwischendurch mal wieder für einige Wochen in Deutschland war und aus Angst um die Gepardenfamilie schlaflose Nächte durchlitt.

Ich möchte mich aber auch bei meinen Begleitern Nyangusi, Tobias und Thomas bedanken. Sie haben immer ihr Bestes gegeben, und das war gerade gut genug.

Ein besonderes Dankeschön geht an das Volk der Maasai. Diese haben die Serengeti 5000 Jahre lang verwaltet und ein wirkliches Naturparadies hinterlassen.

Vielen Dank auch an Karawane Reisen, die mich auf zahlreichen Afrikareisen unterstützten.

Karawane
Individuelles Reisen

Reisen ins südliche und östliche Afrika:

Günstige Flüge, Gruppen- oder Studienreisen, Bus-, Camper- oder Mietwagenrundreisen, Safaris und Abenteuer-Exkursionen.

Alles zusammengestellt von unseren Experten mit langjähriger, persönlicher Reiseerfahrung.

Kataloge, Beratung und Buchung:

Karawane Reisen
Schorndorfer Str. 149
71638 Ludwigsburg

Tel.: 07141/28480
Fax: 07141/284825

Sie möchten mehr über Matto H. Barfuss erfahren?

Dieses Bändchen bringt Ihnen die Kunst-„Geschichte“ und einige Fotos eines außergewöhnlichen Künstlers näher.

Matto H. Barfuss
Malerei-Fotografie
40 Seiten, 65 überwiegend farbige Abbildungen, zweisprachig,
ISBN 3-002436-0

Erhältlich über den Buchhandel oder bei Galerie Barfuss, Frankenstr. 52, D–91567 Herrieden,
Tel.: 09825/671, Fax: 09825/1509